清新儁逸

青州龙兴寺出土北朝佛教石刻珍品

深圳博物馆
青州博物馆 编

文物出版社

图书在版编目（CIP）数据

清新俊逸 ： 青州龙兴寺出土北朝佛教石刻珍品 / 深圳博物馆，青州博物馆编． -- 北京 ： 文物出版社，2024．12． -- ISBN 978-7-5010-8571-2

Ⅰ．K879.32

中国国家版本馆 CIP 数据核字第 202430ZA25 号

图录编辑委员会

主　　任：郭学雷

主　　编：黄阳兴

编　　委：李维学　黄阳兴　王晓春
　　　　　蔡　明　乔文杰　刘绎一

编　　校：黄阳兴　刘绎一　陈　坤

设　　计：雅昌（深圳）设计中心

清新俊逸

青州龙兴寺出土北朝佛教石刻珍品

编　　者：深圳博物馆　青州博物馆

责任编辑：智　朴

责任印制：王　芳

出版发行：文物出版社

社　　址：北京市东城区东直门内北小街 2 号楼

网　　址：http://www.wenwu.com

邮　　箱：wenwu1957@126.com

经　　销：新华书店

制版印刷：雅昌文化（集团）有限公司

开　　本：889mm × 1194mm 1/16

印　　张：11.375

版　　次：2024 年 12 月第 1 版

印　　次：2024 年 12 月第 1 次印刷

书　　号：ISBN 978-7-5010-8571-2

定　　价：276.00 元

清新儁逸
青州龙兴寺出土北朝佛教石刻珍品

主办单位：深圳博物馆　青州博物馆

展览地点：深圳博物馆同心路馆（古代艺术馆）专题展厅

展览时间：2012 年 10 月 26 日—2013 年 2 月 26 日

深圳博物馆展览委员

主　　任：叶　杨

副 主 任：郭学雷

展览统筹：李维学

展览策划：黄阳兴

展览助理：王晓春　蔡　明　乔文杰

展览设计：穆建伟

点交布展：李维学　黄阳兴　王晓春　黄诗金
蔡　明　乔文杰　穆建伟　冯艳平

展务支持：黄文明　曾少佳　刘剑波　余开生　戚　鑫
卢燕玲　刘　琨　钟少灵　姜　蕾　姜　蔚

目录 Contents

前言

佛教起源于古印度，公元前1世纪左右传入中国西域，两汉之际传入中国内地。此后，魏晋南北朝乃至隋唐时期，中外文明交流频繁，佛教文化与艺术源源不断地传入并与中国文化相融合，最终形成了具有中国特色的佛教文化和艺术。南北朝时期，亚洲佛教发展处于全面鼎盛时期，汉地佛教也取得长足发展，西部、中原地区出现了敦煌莫高窟、大同云冈石窟、洛阳龙门石窟、邯郸响堂山等以石窟为主导的佛教艺术中心；而东部则出现了以青州为中心的单体佛教造像为代表的佛教艺术中心，最具代表性的就是1996年青州龙兴寺遗址窖藏出土的佛教造像。

龙兴寺遗址窖藏造像的出土，成为中国佛教艺术史上石破天惊的一笔，被评为当年“全国十大考古新发现”之一，随之入选“二十世纪中国百项考古大发现”。窖藏造像共计4400余尊，摆放有序，大多造型精美，诸多施有彩绘、贴金，佛像、菩萨、弟子以及天龙八部等各具特色，内涵丰富，装饰华美，雕刻精湛，历经千年之后重新展现在世人面前，令人欢喜赞叹。无论是三米多高的巨像，还是几十厘米的小型造像，皆典雅精妙，造像时间跨度从北魏至北宋，再现了中国佛教艺术的流变过程和精湛造像技艺及特色，集中体现了古青州地区造像既大气磅礴又细致入微的特点，从根本上改变了学界对山东半岛北朝造像乃至中国佛教造像艺术的认识，开启了北朝造像研究的新纪元。

深圳特区，作为新中国迅速崛起的国际化大都市、科技与文化创新中心、商业贸易与文明交流的战略要地，始终走在中国现代化的前列，引领时代潮流。青州则是一座有着超过5000年文明史的古城，古九州之一，文化底蕴丰厚，数千年来与海外文化交流密切。青州市着力打造一座历史文化名城，深挖文化资源优势，打响“文化青州”品牌。深圳博物馆与青州博物馆多次磋商，共同努力，促成了此次龙兴寺遗址窖藏造像赴深展出。精美的造像将作为文化使者，架起青州与深圳文化交流与合作的桥梁。此次龙兴寺遗址窖藏造像展正是一次古老与现代的碰撞，一次传统与时尚的对话。

第一单元

北魏晚期

青州地区北魏中后期造像受到孝文帝汉化改革的全面影响。同时，青州传统文化根底深厚，具有深厚的南朝文化基因。因此，汉族士大夫崇尚的外披“褒衣博带”式袈裟、面容“秀骨清像”的佛像风格盛行，菩萨则有顾恺之“洛神”的飘逸之风，艺术风格也融合南北，独具一格。孝文帝的全面汉化改革也导致了拓跋鲜卑内部的新旧势力分裂，从而加速了北魏的灭亡。随着武川“六镇起义”的爆发，北魏政权很快走向灭亡。这种汉化佛像风格持续至东魏初年。

〇一 贴金彩绘佛菩萨三尊像

北魏晚期

残高 27.5 厘米 残宽 28 厘米

1996 年青州龙兴寺遗址窖藏出土

青州博物馆藏

高浮雕，石灰石质。主尊佛磨光高肉髻，双目下敛，耳轮垂埵，嘴角上翘，内着僧祇支，外披袈裟。双手施无畏与愿印，饰圆形头光，椭圆形身光。右胁侍菩萨饰菩提叶形头光，表情端庄，颈饰项圈，左手向上执莲蕾。

〇二

比丘尼惠照造弥勒三尊像

北魏 太昌元年（532年）
残高50厘米 残宽41厘米
1996年青州龙兴寺遗址窖藏出土
青州博物馆藏

背屏式高浮雕，石灰石质，彩绘一佛二菩萨像。背屏上部正中浮雕一倒龙，身躯盘曲，神态威猛，以示护法。倒龙尾上托跏趺坐化佛，两侧四身飞天环绕。飞天身姿曼妙，帔帛裙带飘举，手中托捧似为净瓶、摩尼宝珠等佛教法器。

主尊弥勒佛首部残缺，身着南北朝士族褒衣博带式袈裟，身形瘦削，左手施与愿印，头光浮雕双层莲瓣纹，外圈饰缠枝忍冬纹，这类装饰丰富的头光多源自印度笈多艺术样式。二胁侍菩萨饰项圈、帔帛以及头光，左胁侍菩萨左手持莲蕾，右手似提桃形器；右胁侍菩萨左手持净瓶，右手持莲蕾。

据佛教经典，弥勒是继释迦牟尼佛之后降临人间成佛说法的菩萨，即大乘佛教所说的“未来佛”。弥勒信仰的传播与兴盛是中古时期重要的宗教、政治和文化现象，也是海内外学者热衷探讨的早期佛教信仰之一。青州北朝石刻造像以弥勒像最多。该佛造像身着汉地士族褒衣博带式袈裟，面相略显清瘦，显示出北魏晚期汉化佛教艺术的典型特征。学界一般认为，北魏孝文帝迁都洛阳以来，采取全盘汉化的政治文化改革，佛教造像也模仿南朝士族“秀骨清像”的形象和“褒衣博带”的服饰。这类背屏式一佛二菩萨与飞天像也是北魏中晚期至东魏最流行的造像形式。

永熙三年（534年）
弥勒与胁侍菩萨三尊像
美国纽约大都会艺术博物馆藏
（资料来源：大都会艺术博物馆官网，藏品编号：19.16）

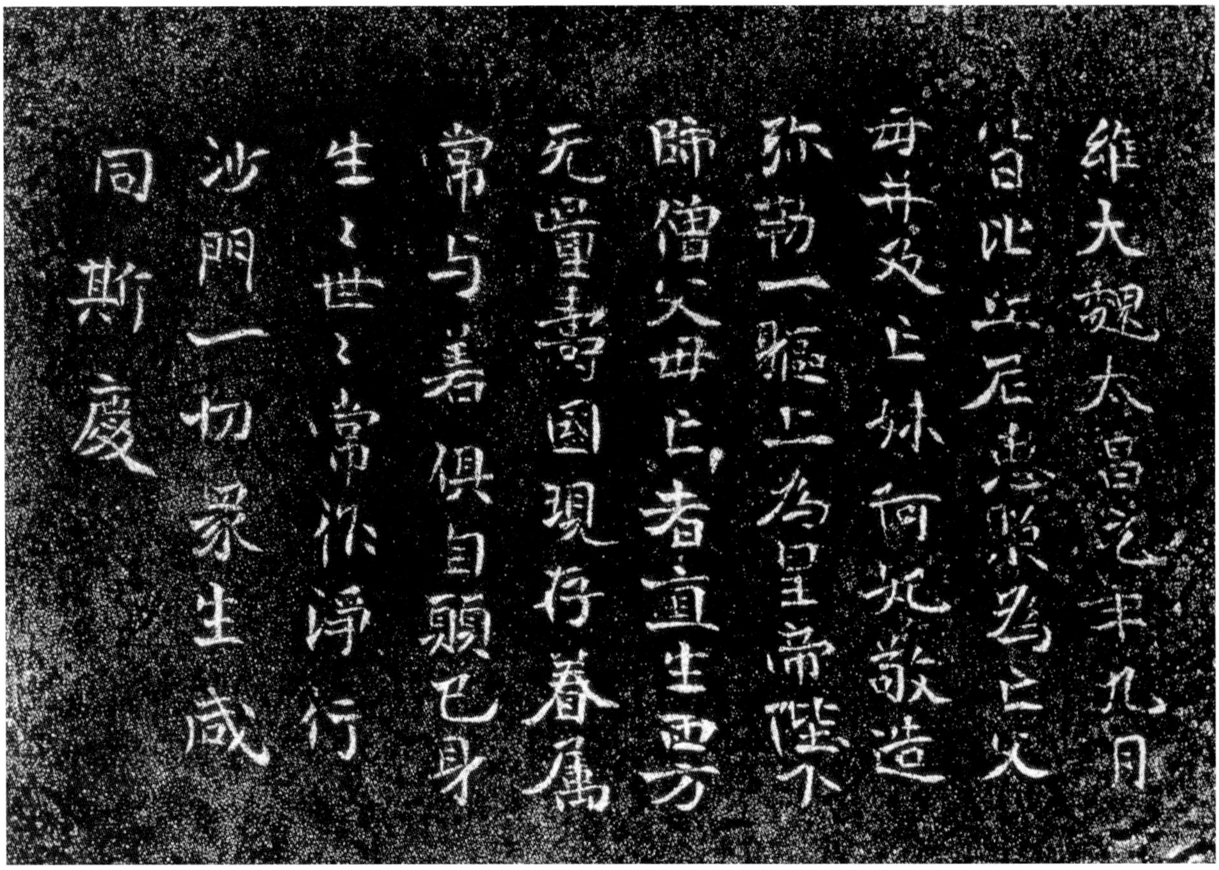

維大魏太昌元年九月
八日，比丘尼惠照為亡父
母并及亡妹何妃敬造
弥勒一軀。上為皇帝陛下，
師僧父母亡者，直生西方
无量壽國，現存眷屬，
常与善俱；自願己身，
生生世世，常作淨行。
沙門一切衆生，咸
同斯慶。

○三 贴金彩绘菩萨立像

北魏晚期至东魏早期

通高 110 厘米　像高 82 厘米　宽 35 厘米　厚 25 厘米

1996 年青州龙兴寺遗址窖藏出土

青州博物馆藏

背屏式高浮雕，石灰石质，贴金彩绘菩萨立像。菩萨头戴汉魏传统梁冠，圆形头光，头光内饰浅浮雕双层莲瓣，外饰阴刻彩绘同心圆；发辫自两侧垂至肩臂，圆形饰物可能为发坠。面相略显清瘦，深目高鼻，眼睛曲直，呈微笑状。上身袒露，颈佩贴金项圈，下着百褶红彩长裙，裙摆微展，手挽帔帛交叉垂至膝盖，属于典型的北魏晚期佛教造像风格。腰间束带下垂，跣足立于仰莲台上。菩萨背光及头光后均有线刻跏趺坐佛像，呈上下有序排列状。

有学者认为，该菩萨像乃由背屏式造像改造而成。这类身光与圆形头光相连接的图像较早见于龟兹克孜尔石窟、吐鲁番柏孜克里克石窟、敦煌石窟等地佛教造像艺术中。该菩萨造像面部尚存北魏中期以来“秀骨清像”的特征，宝冠则为典型的汉魏晋士族梁冠样式，北朝早期造像中较为常见。菩萨上身袒露，仅佩项圈，下身裙摆衣纹褶皱明显受到犍陀罗造像佛袈裟下摆纹样的影响，但更加讲究中国文化和谐有序、对称平衡的美感。

北魏晚期
贴金彩绘佛立像
通高 168 厘米
青州博物馆藏

第二单元

东魏

汉化的鲜卑贵族宇文泰拥立魏文帝元宝炬在长安建立西魏；鲜卑化的汉人高欢拥立孝静帝元见善迁都邺城建立东魏，由此开启了北朝后半期的东西对立。同时，南北政权也积极开展政治和文化交流。北齐统治中原核心地区，胡汉民族矛盾激烈，“鲜卑共轻中华朝士”，高氏自然也努力调和这种民族矛盾，但总体的基调仍是重鲜卑文化与外来文明。因此，孝文帝汉化改革以来的汉化造像艺术逐渐被扬弃，取而代之的是改造并吸收西域及海上丝路传来的佛教新样式。总体而言，东魏造像处在北魏中后期全面汉化造像向北齐造像胡化并确立外来模式为主的转变时期。

〇四

贴金彩绘佛菩萨三尊像

北魏晚期至东魏早期

残高 125 厘米　宽 100 厘米　厚 25 厘米

1996 年青州龙兴寺遗址窖藏出土

青州博物馆藏

高浮雕，石灰石质，彩绘贴金一佛二菩萨三尊像。主尊佛像螺发高髻，面相清瘦，深目高鼻，浅浮雕双层莲瓣纹头光，外有数圈彩绘。身着双领下垂式（或称“U”形领）汉化褒衣博带袈裟，阴线刻衣纹及褶皱流畅自然，上饰彩绘田相，袒右僧祇支，绅带内结，跣足立于莲台上。两胁侍菩萨身着天衣，头戴宝冠，鬓带垂肩，额前五瓣黑发。造像背屏下部浮雕双倒龙口衔莲荷形成胁侍菩萨基座。主尊及胁侍菩萨侧面阴刻十一处供养人题记，分别为“智仁侍佛时”“比丘尼智言侍佛时”“比丘尼法世侍佛时”“比丘尼静晖侍佛时”“比丘尼惠智侍佛时”“比丘尼□□侍佛时”“比丘尼法□侍佛时”“比丘尼惠□侍佛时”等，题名旁隐约残留十一身线刻供养比丘尼像。

该一佛二菩萨造像更多地体现了北魏晚期的艺术风格，同时也呈现出新的艺术特征。褒衣博带、秀骨清像都是北魏佛像的典型特征，高肉髻也是此时期佛像重要的特征之一，且多是犍陀罗式的涡旋状发型或磨光发型。此处螺发高髻头饰便是东魏时期的一个明显标志，此前北方地区佛教造像尚未出现螺发。

该造像彩绘保存较好，色彩鲜艳，有多层彩绘，因此有学者提出青州龙兴寺造像彩绘贴金可能有后代多次重装的情况。根据青州龙兴寺、曲阳修德寺以及新近临漳古邺城北吴庄遗址出土大量北朝贴金彩绘佛造像可知，贴金工艺是当时装饰佛菩萨造像的流行方式[1]。“金”本是佛教经典中盛赞的“七宝”供具之一。佛像“三十二好相”其中之一即“身金色相，身体之色如黄金也”[2]。又《赞佛偈》“阿弥陀佛身金色，相好光明无等伦”。《妙法莲华经·安乐品》曰：“诸佛身金色，百福相庄严。”金箔装饰石刻造像大约始于刘宋时期，后为北朝造像广泛沿用。如北魏杨衒之《洛阳伽蓝记》卷一载长秋寺“中有三层浮屠一所，金盘灵刹，耀诸城内，作六牙白象负释迦在虚空中，庄严佛事，悉用金玉，作工之异，难可具陈”。又载白象宫寺内石像“通身金箔，眩耀人目”。由此可知，佛教信众敬造佛像时热衷于彩绘贴金是有大量经典依据的，这是庄严佛像的基本要求之一。由于雕刻大型佛像或开凿石窟供养都需大量资金投入，在南北朝士族政治统治背景下，许多佛教造像都是世家大族发动族人成立“邑社”，共同捐资所造。北齐墓葬考古发现中出土了大量带有贴金彩绘陶俑，这种工艺运用已经很普遍了[3]。

注释：

①李森：《试析青州龙兴寺造像贴金彩绘并非均系北朝装饰》，《世界宗教研究》2008 年第 2 期，第 44 ~ 49 页。

②邱忠鸣：《“福田”衣与金色相——以青州龙兴寺出土北齐佛像为例》，《饰》2006 年第 1 期，第 8 ~ 11 页。

③王静芬著、毛秋瑾译：《中国石碑：一种象征形式在佛教传入之前与之后的运用》，商务印书馆，2011 年。

〇五 贴金彩绘佛菩萨三尊像

东魏
通高 45 厘米 宽 43 厘米 厚 12 厘米
1996 年青州龙兴寺遗址窖藏出土
青州博物馆藏

背屏式高浮雕，石灰石质，彩绘一佛二胁侍菩萨三尊像。主尊佛像螺发，肉髻微凸，面相略显清瘦，呈微笑状。体态修长，颈长削肩（即“溜肩”），身着褒衣博带式袈裟，下裙已由北魏中晚期明显外摆转为基本内收垂直，后饰双层阴刻莲瓣纹头光和身光，外圈为缠枝忍冬纹，跣足立于莲台上。

二胁侍菩萨均戴高冠，鬓带垂肩，但风格又各具特色，变化生动。左胁侍菩萨佩项圈，臂钏，饰帔帛璎珞（璎珞间以珊瑚、“胜”形饰相隔），着长裙，右手捧莲蕾，左手提桃形物，头戴宝冠，整体装饰极为华丽。右胁侍菩萨袒上身，戴手钏，饰帔帛，着长裙，衣纹起伏简约流畅，右手执净瓶，左手捧莲蕾，整体简约婉转。两菩萨均跣足立于倒龙衔莲台座上。

关于菩萨手中所持桃形饰物，今已有学者通过梳理龟兹、犍陀罗和古印度本土雕塑和壁画中表现桃形物的造型与材质，认为汉地桃形物图像最初源自古印度桃形扇造型，后经古犍陀罗地区向东传播至西域（如龟兹），再传播至河西走廊与中原地区，从古印度世俗王者的侍女持物到龟兹壁画中佛陀侍者、护法神持物，进而转为中土造像中的菩萨持物。编者认为此说甚确，解决了北朝菩萨持物图像中的一大疑问。

参考文献：

潘力、邱忠鸣：《中古中国菩萨像所持“桃形物”初步研究》，《故宫博物院院刊》2023 年第 6 期。

〇六 贴金彩绘佛菩萨三尊像

东魏
通高 76 厘米 宽 48 厘米 厚 15 厘米
1996 年青州龙兴寺遗址窖藏出土
青州博物馆藏

背屏式高浮雕，石灰石质，彩绘贴金一佛二菩萨三尊像。主尊佛像采用北魏中晚期流行的磨光高肉髻，面相略显清瘦，轻露笑容，身着双领下垂式袈裟，胸前露出绅带，下垂袈裟内收；左手微残，施与愿印，右手残，当施无畏印，跣足立于莲台上。两胁侍菩萨均上身佩项圈，内着僧祇支，外着长裙，饰宽帔帛，跣足立于倒龙衔莲台座上。背屏上部正中为三刹单层佛塔，左右两侧环绕八身飞天，采用对称式构图，最上面二身倒悬托塔。左侧另三身各持排箫、钹、鼓等，右侧另三身各持箜篌、笙及吹口哨等，一派佛国欢乐气象。

该造像飞天乐器既有中国传统的笙、排箫，又有来自中亚的箜篌，仿佛一组古典乐队演奏着佛国世界里的中西交响乐。此一佛二菩萨造像体现了较强烈的北魏造像遗风，从佛像清秀的面部到褒衣博带的袈裟，都反映了南朝士族审美的影响，然袈裟衣纹装饰已呈现出典型东魏特征。

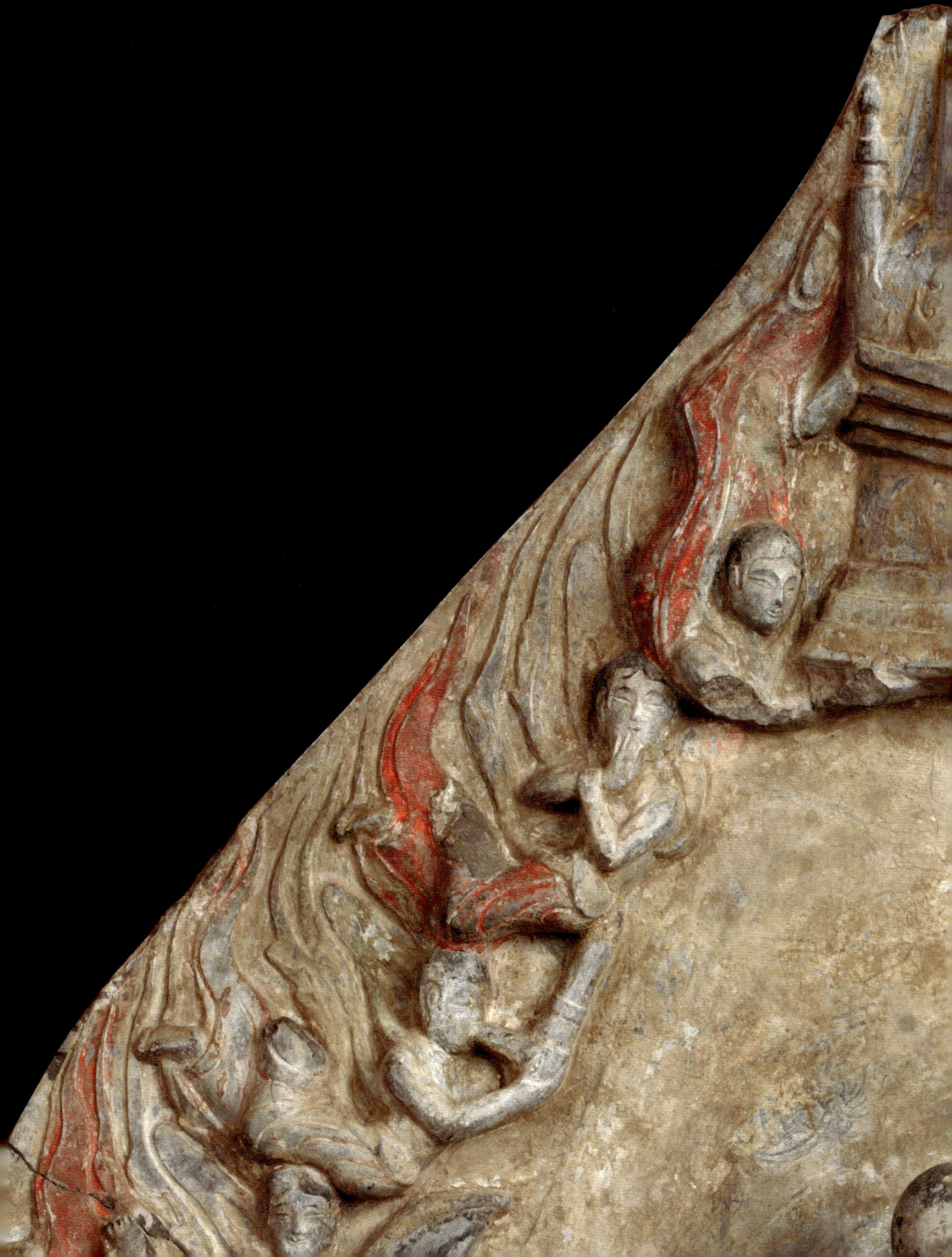

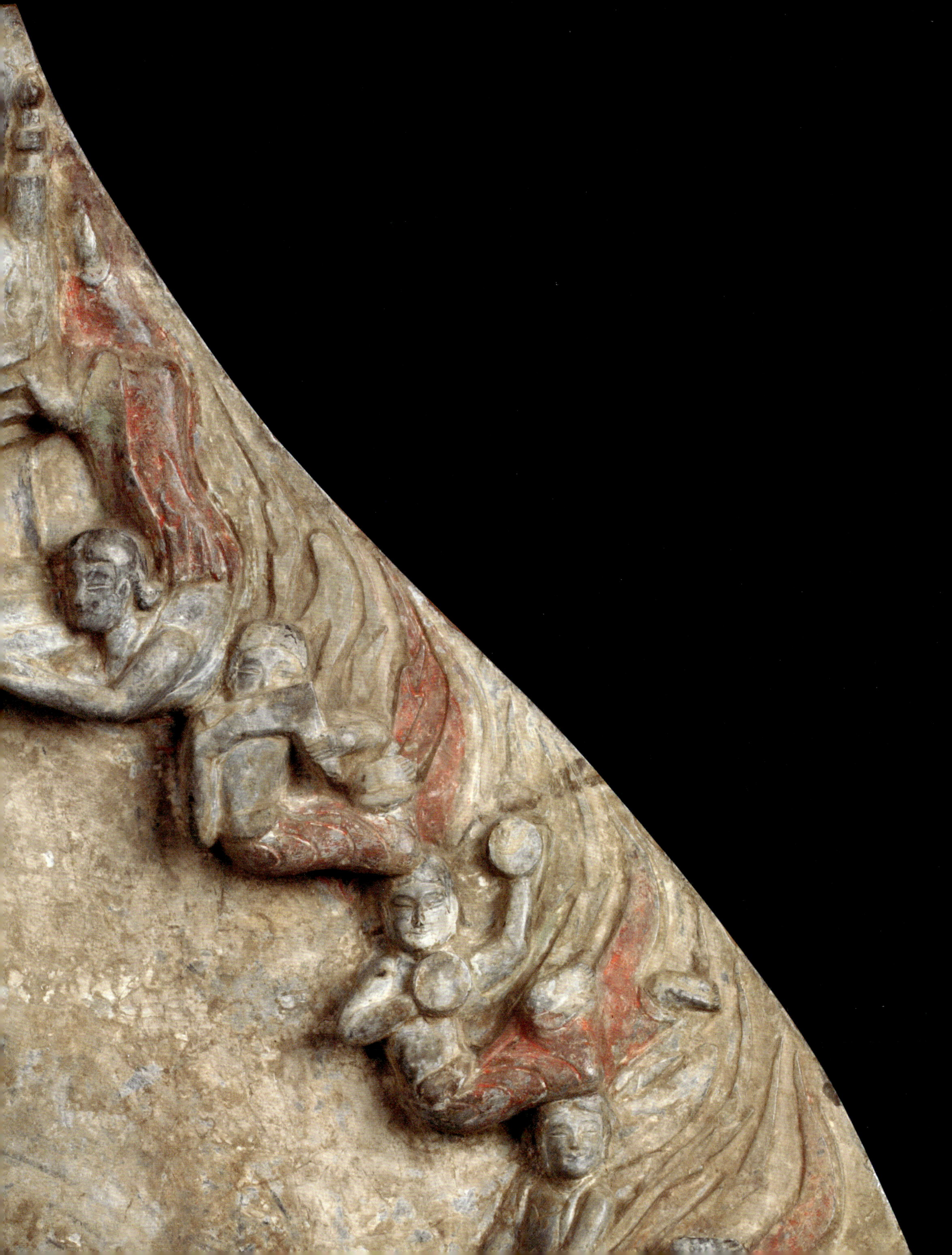

〇七 贴金彩绘佛菩萨三尊像

东魏
通高 135 厘米 宽 73 厘米 厚 20 厘米
1996 年青州龙兴寺遗址窖藏出土
青州博物馆藏

高浮雕，背屏式贴金彩绘一佛二菩萨三尊像，石灰石质。主尊佛像磨光高肉髻，着双领下垂式袈裟，胸前露出僧袛支，左手施与愿印，饰头光和身光。左胁侍菩萨头戴宝冠，宝缯垂肩，饰项圈，着天衣；右胁侍菩萨基本与其相同，均跣足立于双龙衔莲荷台座上。菩提叶形背屏上部正中为一单层侧面塔，装饰华丽，两侧环绕飞天六身，二身托塔，四身分执笙、箜篌、琵琶、排箫，中西乐器交相呼应。值得注意的是，飞天下方两侧各有作礼拜状化生童子一身，这与定州白石造像中的题材颇有相似之处。

化生童子像是南北朝佛教造像开始出现和流行的题材，一般端坐或嬉戏于莲荷间[①]。北朝造像中常见此类化生童子像，如上海博物馆藏北朝佛像圆形头光中浮雕一圈莲花化生童子。临朐明道寺出土北朝佛像中亦出现数例莲花化生童子形象。值得关注的是，南北朝时期佛教图像中的莲花化生童子正是唐宋七夕节摩侯罗信仰盛行的先声。

据晚清金石学家端方《陶斋臧石记》卷九载东魏武定二年（544 年）《王贰郎法义三百人等造像记》中云："一佛二菩萨，大通智胜，有二太子，有八天人，二宝塔、倒龙、师子、诸天花琰……后以灵鉴，化容侍身，琴瑟箜篌，箫笛鼓乐，倒龙花琰，备如详目。……常以佛会，面奉圣颜；弥勒下生，愿登上首。"最后落款："青州北海郡都昌县方山东新王村凡法义有三百人等敬造石像碑铭。"又见有北齐天统五年造释迦像记："双树蔚□，云临香□；□然泉涌，神王四□；碧海周□，宝塔空悬；倒龙挂月，飞天□璎；化童捧宝，负极开楹。"[②]这一记文生动地呈现了释迦造像中的双树、神王、宝塔、倒龙、飞天、童子等形象。这些记文中将造像内容做了相对具体的描绘，与青州出土造像实物基本能一一对应，由此可见这类造像构图在青州佛教信众中具有很深的影响[③]。

注释：

①杨雄：《莫高窟壁画中的化生童子》，《敦煌研究》1988 年第 3 期，第 81 ~ 89 页。

②韩理洲编：《全北魏东魏西魏文补遗》，三秦出版社，2010 年，第 599 ~ 600 页。

③［日］松原三郎：《中国佛教雕刻史论文本编》，东京吉川弘文馆，1995 年，第 304 页，铭文 454。

〇八 贴金彩绘飞天托塔造像

北魏晚期至东魏
残高 74 厘米 残宽 93 厘米
1996 年青州龙兴寺遗址窖藏出土
青州博物馆藏

背屏式高浮雕，石灰石质。背屏上部八身飞天分列三刹佛塔两侧。最上部二身飞天捧佛托，其余六身飞天皆为乐伎。左侧三身自上而下依次弹曲项琵琶等；右侧三身自上而下依次为吹横笛等，飞天吹弹姿态优美，形象生动。中间尚存佛像背光及头光彩绘局部。

飞天乐伎是佛教世界中赞颂佛教功德、手捧香花供养的天人。据姚秦三藏鸠摩罗什译《妙法莲华经》卷一云："若人于塔庙，宝像及画像，以华香幡盖，敬心而供养，若使人作乐，击鼓吹角贝、箫、笛、琴、箜篌、琵琶、铙、铜钹，如是众妙音，尽持以供养，或以欢喜心，歌呗颂佛德，乃至一小音，皆已成佛道。"诸飞天乐伎或倒龙奉塔是南北朝时期佛教石窟以及各类石刻造像中最为流行的特征之一。北齐邺城、定州、青州以及晋中四大佛教造像体系中普遍盛行倒龙装饰，只是形式上有所变化。青州龙兴寺所出造像中，龙兴寺遗址所出飞天托塔背屏残石数件，经历了从早期线刻、浮雕到东魏晚期高浮雕的转变。飞天乐伎皆面相清秀，弯眉含笑，上身袒露，下着长裙，彩带飘举，或歌或舞，身姿优美，欢喜之情溢于言表。所执乐器包括腰鼓、钵、古筝、阮咸、曲项琵琶、箜篌、笙、排箫、筚篥、横笛、古琴等十余种，也呈现出中西音乐融合的时代特征，其图像极富音乐艺术研究价值。另有学者认为，北方佛教推崇"皇帝即如来"的思想，天人奉塔装饰是北朝统治者与佛教阿育王塔思想结合的产物[①]。

注释：

①［韩］苏铉淑：《东魏北齐庄严纹样研究——以佛教石造像及墓葬壁画为中心》，文物出版社，2008 年，第 82 ~ 137 页。

〇九 贴金彩绘石雕佛头像

北魏晚期至东魏早期
高23厘米
1996年青州龙兴寺遗址窖藏出土
青州博物馆藏

单体圆雕，贴金彩绘佛头像，石灰石质。该佛造像饰联珠状螺发，上施绀青彩，肉髻高凸。眼角细长，嘴角内收，耳垂宽大。面部通体贴金，面容略显清瘦，犹有南朝崇尚的“秀骨清像”之遗风。从风格上可推测当为北魏晚期至东魏早期佛造像。

东西方宗教观念中都流行以黄金作为祭祀或供奉的信物。佛教中将诸佛形象描述为容貌庄严的“金色身”，这是佛三十二好相之一，乃至佛国世界也是“黄金布地”，甚至菩萨后来也广泛用金色装饰。据唐玄奘译《阿毗达磨大毗婆沙论》卷一七七称：“十四者，身真金色相，谓佛身真金色，映夺世间一切金光令不复现。”自佛造像兴起以来，贴金装饰佛像成为恒常范式，青州龙兴寺、曲阳修德寺、四川万佛寺等地所出造像以及佛教石窟壁画中诸佛皆贴金彩绘装饰，鎏金铜佛造像也是为显示佛的真金色相。

一〇 贴金彩绘菩萨立像

东魏

残高 110 厘米

1996 年青州龙兴寺遗址窖藏出土

青州博物馆藏

单体圆雕，石灰石质，贴金彩绘菩萨像。菩萨跣足立于莲台上，头戴汉魏传统梁冠，两侧鬓带（即宝缯）下垂。面容已由北魏清瘦向圆润转变，稍露微笑，圆形头光残损。双肩有圆形饰物，发辫自两侧垂至肩臂。上身着袒右僧祇支，颈饰项圈，下身着长裙，裙摆也由北魏中晚期外摆转为直挺。左手提桃形物，帔帛垂至膝盖，身披璎珞相交于腹前圆璧中。下身璎珞以珊瑚、“胜”形饰相间隔，颇为独特。此尊圆雕菩萨造像很可能是东魏流行的观世音菩萨。

佛教七宝是庄严佛身佛事的重要器物，象征着佛教净土的光明与智慧，有深刻的宗教文化内涵。据姚秦三藏鸠摩罗什所译《妙法莲华经》记载，用“金、银、琉璃、砗磲、玛瑙、真珠、玫瑰七宝合成众华璎珞”；又鸠摩罗什译《摩诃般若波罗蜜经》卷二七载：“汝今所须尽当相与金、银、真珠、琉璃、颇梨、琥珀、珊瑚等诸珍宝物，及华香、璎珞、涂香、烧香、幡盖、衣服、伎乐等物供养之具。”敦煌藏经洞遗书S.4571《维摩诘经讲经文》中云：“整百宝之头冠，动八珍之璎珞。”

圆雕佛像装饰圆形头光是印度笈多艺术的重要特征之一，且多装饰繁缛的线刻或彩绘花纹，这种样式深刻地影响到东魏、北齐时期青州地区圆雕佛教造像，博兴、诸城、青州以及临朐均有多尊带圆形头光的圆雕佛菩萨像。著名者如青州博兴龙华寺出土的东魏蝉冠观音（现藏山东博物馆）；青州龙兴寺遗址窖藏出土的多尊佛菩萨均有圆形头光。

东魏 蝉冠菩萨像
山东博物馆藏

东魏 蝉冠菩萨像
青州龙兴寺窖藏遗址出土
青州博物馆藏

一一 贴金彩绘右胁侍菩萨像

东魏
残高 110 厘米 残宽 25 ~ 55 厘米
1996 年青州龙兴寺遗址窖藏出土
青州博物馆藏

高浮雕，贴金彩绘背屏式右胁侍菩萨造像，石灰石质。菩萨发髻高挽，鬓带下垂。深目高鼻，面带微笑，略显丰腴。头光饰以浅浮雕莲瓣纹。身饰璎珞，间以珊瑚、“胜”形饰相隔，手挽帔帛。颈部贴金项圈，下身着长裙，左手提贴桃形饰物，跣足立于倒龙衔莲台座上。倒龙腾空而动，雄健有力，口吐一把莲荷，荷叶自然伸卷。

珊瑚为佛教转轮王“七宝”之一。“胜”在两汉时期的图像和文献中多指西王母头戴的一种中部呈圆形、两端呈梯形的装饰。这种造型可能最初由海外传入，在两汉时期成为本土化的一种祥瑞纹饰。后来“胜”也用于指称其他造型的装饰纹样或发饰，文献中见有“人胜”“花胜”“彩胜”等名目，如南朝梁简文帝（503 ~ 551 年）《眼明囊赋》中言：“尔乃裁兹金镂，制此妖饰。缉濯锦之龙光，翦轻羁之蝉翼。杂花胜而成疏，依步摇而相逼。明金乱杂，细宝交陈。义同厌胜，欣此节新。拟椒花于岁首，学夭桃于暮春。”菩萨发髻与北魏洛阳永宁寺出土陶俑以及炳灵寺北魏菩萨发髻完全一致，可知其沿袭了北魏中晚期以来的汉化服饰。

一二

贴金彩绘左胁侍菩萨像

东魏

残高36厘米 残宽35厘米 厚20厘米

1996年青州龙兴寺遗址窖藏出土

青州博物馆藏

高浮雕，贴金彩绘一铺三身背屏式造像中左胁侍菩萨，石灰石质。该菩萨造像仅存上半身，面含微笑，眉目深弯。额发梳成五瓣圆形，发辫沿双肩垂至上臂，肩上各饰一圆形物。身着天衣，浅浮雕双层莲瓣纹头光，颈部贴金项圈，身饰帔帛璎珞，璎珞以珊瑚、“胜”形饰相间。

该菩萨像雕刻细腻华美，技法精湛娴熟，表情生动传神，透见了菩萨智慧慈悲之气韵，可谓形神俱佳，体现了青州造像高超的艺术造诣。双肩圆形饰物广泛见于北魏以来的菩萨造像中，至于具体为何物又有何寓意，学界于此尚无定论，一曰可能为发坠之类饰物，一曰代表日月珰。

一三 贴金彩绘菩萨头像

东魏
残高 17 厘米 宽 14 厘米 厚 12 厘米
1996 年青州龙兴寺遗址窖藏出土
青州博物馆藏

单体圆雕，石灰石质，贴金彩绘菩萨头像。菩萨头戴汉魏传统士族宝冠，鬓带下垂。眉眼曲直传神，面相清瘦，略含微笑，眉眼、嘴角以及面部的处理都与北魏晚期至东魏早期风格相近，尚存北魏遗风，呈现清新秀美之气。菩萨头冠装饰当源于北朝士族冠帽，同样流行于邺都、定州以及晋中佛教造像体系中。

一四

贴金彩绘背屏式右胁侍菩萨像

东魏

残高 49 厘米 残宽 31 厘米

1996 年青州龙兴寺遗址窖藏出土

青州博物馆藏

背屏式高浮雕，石灰石质，贴金彩绘背屏式三尊造像中右胁侍菩萨像。该菩萨面相清秀，头戴花冠，两侧鬟带，发辫由肩部垂至两臂，双肩有圆形饰物。上身着袒右僧祇支，颈佩项圈，身饰帔帛瓔珞，瓔珞相交于腹前圆璧。下身着长裙，腰间束带。双手残缺，通体多施彩绘。菩萨左侧尚存倒龙局部。

一五
飞天像

东魏
残高16厘米 残宽15.5厘米
1996年青州龙兴寺遗址窖藏出土
青州博物馆藏

此为背屏式高浮雕造像中的飞天，石灰石质。飞天面带微笑，戴尖顶冠饰，两侧冠巾贴耳下垂，腰系蝴蝶结，身体扭向右侧，呈飞舞状。

东魏 造像局部
青州龙兴寺遗址窖藏出土
青州博物馆藏

一六

彩绘左胁侍菩萨像

东魏
残高75厘米 宽30厘米
1996年青州龙兴寺遗址窖藏出土
青州博物馆藏

背屏式高浮雕，左胁侍菩萨造像，石灰石质。菩萨头戴传统士族梁冠，鬓带垂肩。面相丰润，丹凤眼，面含微笑。身饰帔帛、璎珞于腹前圆璧相交。上身着僧祇支，下身着长裙。菩萨侧下部高浮雕倒龙衔莲台以为菩萨基座，雕刻技法率性流畅。该菩萨面相、衣纹以及倒龙衔莲等都呈现出东魏时期造像特征。

菩萨璎珞严身"诸珍宝互相振触有妙音声"。姚秦罽宾三藏昙摩耶舍译《乐璎珞庄严方便品经》（亦名《转女身菩萨问答经》）中云菩萨庄严八种璎珞得于无碍之辩："不失菩提心璎珞庄严；住于究竟大悲之心璎珞庄严；一切众生无有碍心璎珞庄严；进求多闻无有厌足璎珞庄严；善能观察如所闻法璎珞庄严；化诸众生亦不见于一切诸法璎珞庄严；善知方便分别甚深缘合生法，善知一切众生诸根璎珞庄严；诸佛受持善知方便璎珞庄严。"

一七 贴金彩绘半跏思惟菩萨像

东魏至北齐
残高68厘米 宽28厘米 厚19厘米
1996年青州龙兴寺遗址窖藏出土
青州博物馆藏

公元2世纪后半叶至3世纪前半叶
秣菟罗半跏思惟菩萨像
美国克罗诺斯藏品（The Kronos Collections）
（资料来源：[日]肥塚隆、宫治昭编《世界美术大全集·东洋编》第13卷《インド（I）》，小学馆，2000年，第85页）

单体圆雕，石灰石质。菩萨头戴宝冠，黑发在额前呈花瓣状，发辫垂至两肩臂。双目低垂，表情沉静，上身袒露，下身着贴体长裙，衣纹呈凸棱状。右臂支于右膝上，左手扶膝。半跏坐于束腰形筌蹄坐上，左脚踏莲瓣台。

思惟菩萨是东魏至北齐时期石刻佛像以及石窟造像最具艺术美感和最受信众喜爱的题材之一，造像者借此表达菩萨内心世界的丰富情感和觉悟证道的思惟活动，海内外诸多学者都曾广泛讨论这一主题造像的来源及含义。思惟菩萨及束腰形筌蹄坐具也源于印度佛教艺术，较早贵霜时期秣菟罗造像中就有半跏思惟菩萨像，犍陀罗造像中也广泛流行类似姿势的思惟菩萨像。学界关于思惟菩萨像存在释迦太子思惟像与弥勒菩萨思惟像的两种争议。

此尊青州思惟菩萨像造型优美，雕刻技法娴熟，体现了东魏融合中外艺术的高超水平。东魏时期，鲜卑贵族统治者开始反思孝文帝改革以来的汉化政策，试图回溯鲜卑民族的审美趋向，推崇西域胡族文化，因此佛教石刻呈现出鲜卑与西域文化的影响。北朝青州地区思惟菩萨并非主流造像，这与曲阳修德寺遗址出土大量思惟菩萨造像颇有差异。经整理，青州龙兴寺遗址窖藏出土石刻造像中圆雕思惟菩萨像迄今仅发现两尊，另一尊为北齐彩绘贴金像，雕刻极为精美。此外，临朐明道寺遗址、诸城体育中心旧址以及博兴等古青州地区都有思惟菩萨造像出土。北朝青州地区的思惟菩萨像也直接影响了朝鲜半岛三国时期的思惟菩萨像，又经由朝鲜半岛影响了日本飞鸟时代的思惟菩萨像。

3～4 世纪 犍陀罗思惟菩萨像
日本松冈博物馆藏
（资料来源：[日]肥塚隆、宫治昭编《世界美术大全集·东洋编》第 13 卷《インド（I）》，小学馆，2000 年，第 354 页）

北齐 思惟菩萨像
青州龙兴寺遗址窖藏出土
青州博物馆藏

6 世纪早期　朝鲜三国时代
半跏思惟像（韩国第 78 号国宝）
像高 83.2 厘米
韩国国立中央博物馆藏

公元 650~710 年 飞鸟时代寄木造
半跏思惟像
楠木 表面镀金
像高 87.9 厘米
日本奈良中宫寺藏

（资料来源：日韩半跏思惟像展示实行委员会编辑；东京国立博物馆编：《ほほえみの御仏：二つの半跏思惟像》（日韩国交正常化50周年纪念特别展），东京国立博物馆出版，2016 年，第 15、9 页）

一八 贴金彩绘菩萨像

东魏至北齐
残高 60 厘米
1996 年青州龙兴寺遗址窖藏出土
青州博物馆藏

单体圆雕，残石菩萨像，石灰石质。菩萨头戴透雕花蔓宝冠，冠中装饰莲荷，发辫垂至双臂。双目下敛，高鼻小口，颈饰圆环状项圈，中间下垂似为摩尼宝珠。上身裸露，身饰帔帛、璎珞，下着长裙，腰间束带。

一九 贴金彩绘菩萨像

北朝

残高 16 厘米 残宽 8 厘米

1996 年青州龙兴寺遗址窖藏出土

青州博物馆藏

高浮雕，石灰石质。小臂端平，右手无名指与小指提握帛带紧贴体侧。手指纤细而长，略带夸张。

二〇 彩绘踏鬼佛足

东魏至北齐
残高 60 厘米
1996 年青州龙兴寺遗址窖藏出土
青州博物馆藏

石灰石质，保留部分彩绘。右足下踏一小鬼。该小鬼盖属佛教天龙八部中的夜叉鬼神，青州北朝菩萨造像中偶有所见。如临朐明道寺出土北齐背屏式佛菩萨三尊像中右胁侍菩萨莲台下即有一高浮雕夜叉[1]。唐代北方天王以及唐三彩镇墓天王俑脚下常踩此类夜叉鬼怪。

注释：

①山东临朐山旺古生物化石博物馆编：《临朐佛教造像艺术》，科学出版社，2010 年，第 56 页。

第三单元

北齐

公元577年，经过东魏近三十年的经营，北齐建立之初中原地区已取得较好的发展，呈现出文物繁荣的局面。据《隋书·文学传序》指出：“暨永明、天监之际，太和、天保之间，洛阳、江左，文雅尤盛。”史家将北齐天保年间之文治与北魏洛阳时期相提并论，又比肩南朝齐梁。青州地区佛教承东晋刘宋之遗产，义学十分发达，大大推动了佛教的发展。

汤用彤《汉魏两晋南北朝佛教史》中指出：“南方偏尚玄学义理，上承魏晋以来之系统。北方重在宗教行为，下接隋唐以后之宗派。”青州佛教可谓兼南北之长，义理与实践并重，以开放的姿态积极吸收外来样式，兼容并包，由此开创了北朝最具魅力的佛教造像艺术风格。北周武帝消灭了北齐，同时在北齐境内也开展了大规模的恢复运动，青州造像遭受了巨大的冲击，但一个全面复兴佛教的时代也即将到来。

二一 贴金彩绘石雕佛菩萨三尊像

北齐
残高 86 厘米　宽 80 厘米　厚 17 厘米
1996 年青州龙兴寺遗址窖藏出土
青州博物馆藏

高浮雕，贴金彩绘背屏式一佛二菩萨三尊像，石灰石质。主尊佛螺发，肉髻低平，面相从北魏中晚期清瘦之风转变为北齐时期的圆润丰腴，长目低垂，身着通肩袈裟，轻薄贴体，上施彩绘田相；右手轻提衣角。左胁侍菩萨戴天冠，鬓带下垂，颈饰项圈，身饰帔帛与璎珞，着袒右僧衹支，跣足立于双龙托起的莲台上。右胁侍菩萨戴天冠，冠中有跏趺坐化佛，发辫垂至两臂，上身袒露，饰项圈、璎珞以及臂钏，身饰帔帛，下身着长裙。佛菩萨头光均为浅浮雕双层莲瓣纹，衣褶纹饰流畅。

从右胁侍天冠化佛装饰可初步判断其或为观世音菩萨，那么左胁侍当为大势至菩萨，主尊佛即为阿弥陀佛。由此可知，此件背屏式一佛二菩萨或可能是青州地区较为流行的“西方三圣”造像，反映了西方净土信仰在青州地区的流行。青州驼山石窟中开凿于北周晚期至隋初的第三窟造像即为西方三圣，其佛菩萨造像及装饰具有浓郁的北齐遗风。

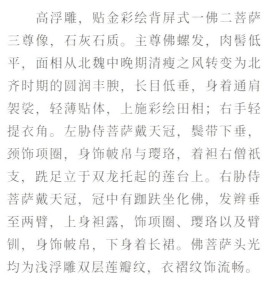

二二 贴金彩绘佛立像

东魏晚期至北齐
残高 125 厘米 宽 50 厘米 厚 30 厘米
1996 年青州龙兴寺遗址窖藏出土
青州博物馆藏

公元 5 世纪 笈多王朝
马图拉式佛立像
美国纽约大都会艺术博物馆藏
（资料来源：纽约大都会艺术博物馆官网，藏品编号：1979.6）

单体圆雕，石灰石质。该佛造像身材修长，仍沿用北魏中晚期削肩细颈风格。佛首螺发，肉髻低平，面额丰满，五官细小，腹部微鼓。浅浮雕双层莲瓣纹圆形头光，莲瓣外部图案施以彩绘。身着双领下垂式袈裟，露出僧祇支。袈裟衣纹向下呈波浪放射状分布，采用东魏时北方开始出现并流行的双阴刻技法，自然流畅。

这类带圆形头光的圆雕造像是东魏时期开始流行的新样式，颇受印度笈多王朝马图拉造像艺术东渐的影响。佛首细腻，袈裟轻薄贴体，略显宽大。衣纹处理技法与四川万佛寺所出南朝梁石刻造像颇相类似。

二三 彩绘佛立像

北齐
通高 116 厘米 像高 98 厘米 宽 45 厘米 厚 25 厘米
1996 年青州龙兴寺遗址窖藏出土
青州博物馆藏

单体圆雕，石灰石质。佛像联珠状右旋螺发，肉髻低矮。面相丰满，宽肩，鼓腹，细腰，圆形头光由莲瓣、同心圆、忍冬花环组成，其上浮雕出七尊跏趺坐化佛，其中一尊残缺。该佛身着通肩袈裟，轻薄贴体，衣纹以单阴线刻出，呈波浪形状，简洁流畅。左手残缺，右手轻提衣角。

该佛像通肩袈裟及波浪衣纹、圆形头光都反映出印度笈多艺术的影响。佛像头光中所现“化佛”应是表征“过去七佛”，即毗婆尸佛、尸弃佛、毗舍婆佛、拘楼孙佛、拘那含佛、迦叶佛以及释迦牟尼佛。七佛是魏晋南北朝乃至隋唐佛教造像的常见题材之一，晋代名画家卫协当时就有《七佛图》冠绝一时。《增一阿含经》卷四十八载：“佛告阿难：皆有因缘本末，故如来说七佛之本末，过去恒沙诸佛亦说七佛本末。将来弥勒出现世时亦当记七佛之本末。”由此可推测，头光中有“七佛”装饰的佛像当属未来世界的弥勒佛[①]。

东魏武定三年（545 年）《报德寺七佛碑像》（亦称《洛州报德寺造像碑》《七佛颂》），洛州刺史田景、车骑将军□元标、河南太守司马相□□、参军杜文敬等数人出资雕凿，旧在河南洛阳，曾归晚清金石学者端方，今归日本私人藏[②]。北齐东安王娄叡刻经碑的背面圭形额题上阴刻七佛。洛阳平等寺出土的北齐天统三年 (567 年) 韩永义造像碑中发现了相同的七佛造像题材实例。取材于《四分律》系经典的七佛在北齐以前并没有见到。北齐时期出现，说明与《四分律》的弘扬有密切关系。

观过去七佛与弥勒也是佛教重要思想，也表达了过去、现在与未来三世佛观念。据东晋天竺佛陀跋陀罗译《佛说观佛三昧海经》卷十载：“观七佛者当勤精进……常念诸佛心心相续……见七佛已，见于弥勒。”汉地七佛与弥勒组合最早见于北凉石塔。这种三世佛的形态在北朝的石窟之中是非常流行的。云冈石窟之中也有很多弥勒菩萨交脚坐像，其中有些是与七佛的组合，如第 35 窟口东侧帐形龛，雕交脚菩萨并有胁侍菩萨，龛楣雕出了七佛之像。其铭文为：“惟大代延昌四年（515 年）正月十四日，恒雍正□□尉都统华堂旧宫二常主匠，为亡弟安凤瀚造弥勒并七佛立侍菩萨。”龙门石窟古阳洞南侧有一帐形龛，雕狮座上的交脚菩萨并二菩萨，龛右侧竖列七坐佛小龛，龛铭为：“大魏永平元年 (508 年)……道宋……造弥勒像一区并七佛二菩萨。”

注释：

①［日］村岛亜纯：《中国・北朝时期における过去七仏図像の発展形态に関する一考察——その図像様式と装饰上の特质に注目して》，京都橘大学大学院 (6)，23-60，2008-03。

②金申编著：《海外及港台藏历代佛像：珍品纪年图鉴》，山西人民出版社，2007 年，第 92 页。

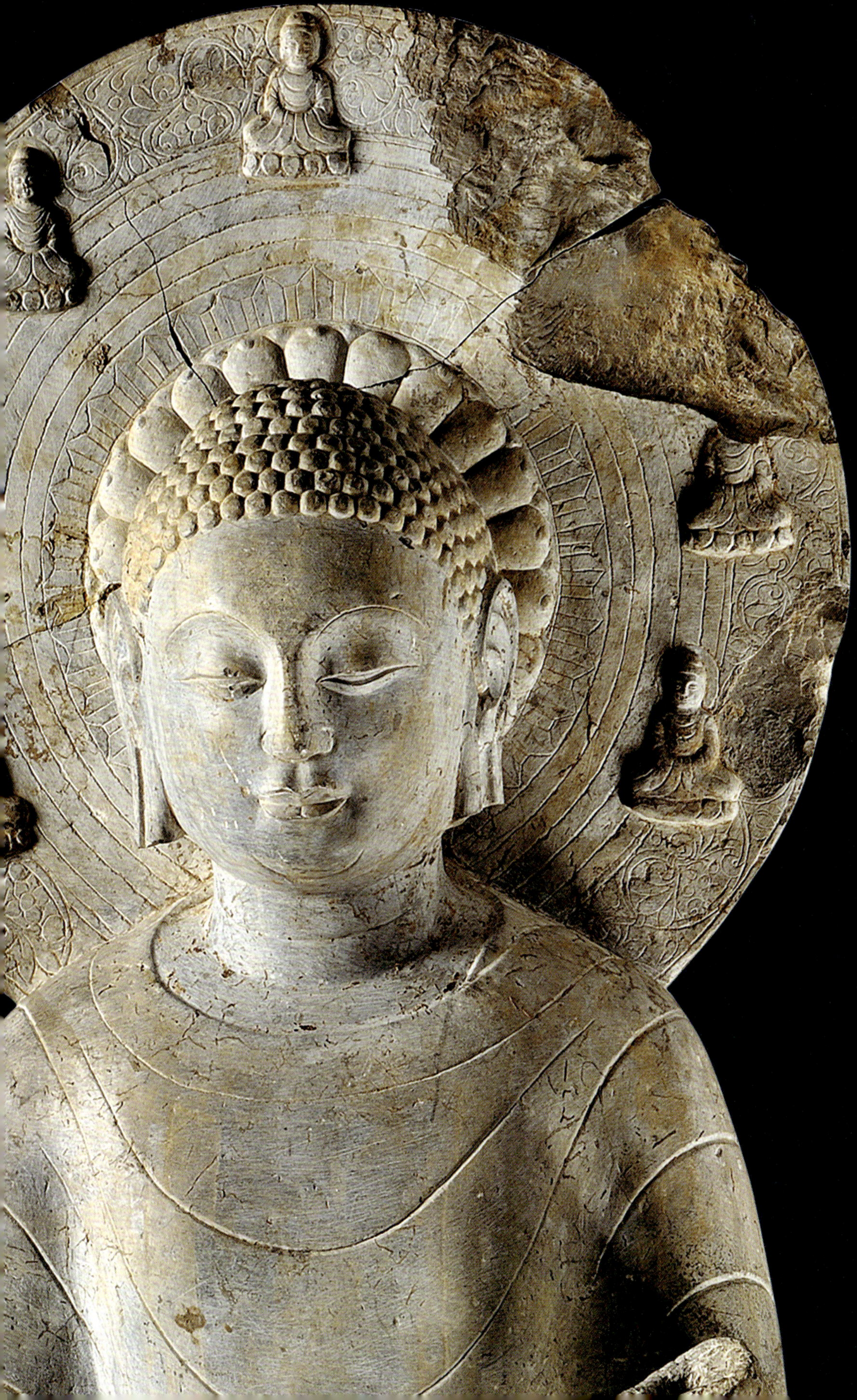

二四 彩绘佛立像

北齐

残高 120 厘米　宽 40 厘米　厚 25 厘米

1996 年青州龙兴寺遗址窖藏出土

青州博物馆藏

单体圆雕，石灰石质。该佛造像涡旋纹螺发，肉髻低矮，施绀青色。面相圆润，双目微垂，鼻梁高挺，身体修长，左手施与愿印，右手残，根据相关造像推测当施无畏印。身着双领下垂式彩绘袈裟，上饰双阴刻衣纹，因类似水波流动之状，故又称“水波纹”。

这类水波纹袈裟装饰显然受到印度笈多马图拉造像艺术流派的影响，繁密的有规则的袈裟衣纹是马图拉艺术最具视觉冲击力的表现形式，青州造像将其改造为适合中国艺术审美的对称式水波状，显得更加典雅而气韵生动。

二五 贴金彩绘石雕佛立像

北齐
通高150厘米 像高125厘米 宽40厘米 厚25厘米
1996年青州龙兴寺遗址窖藏出土
青州博物馆藏

单体圆雕，石灰石质。该佛造像联珠状螺发，肉髻微凸，面相长圆，表情静穆。面部、双手、双足等多处贴金。身着“U”领下垂式袈裟，内着僧祇支，袈裟为薄衣贴体风格，凸棱状衣纹呈水波形，并施以红绿彩绘，颇有北朝“曹衣出水”之艺术感。左手施与愿印，右手残，当施无畏印。

二六 贴金彩绘雕佛立像

北齐
残高 151 厘米 宽 37 厘米 厚 20 厘米
1996 年青州龙兴寺遗址窖藏出土
青州博物馆藏

单体圆雕，石灰石质。该佛造像联珠状螺发，肉髻微凸。面相圆润，双目低垂，表情沉静。圆形头光残缺，剩余部分有浮雕双层莲瓣、线刻加彩绘的同心圆以及四身浅浮雕的化佛，从残存头光化佛可知完整应为“过去七佛”。身着通肩袈裟，采用青州地区流行的轻薄贴体样式，上饰彩绘田相纹。左手施无畏印，右手施与愿印。跣足立于莲台上。

福田袈裟似较早见于贵霜帝国时期秣菟罗造像，也见于南印度安达罗王朝佛像与僧侣图像中，其用刻画线条形式表现田格状袈裟，这类造像颇为罕见，早期或亦多用彩绘形式。

约公元 150 年 贵霜王朝
马霍里（Maholi）佛坐像
印度马图拉邦博物馆藏 （资料来源：维基百科）

北齐 彩绘佛立像
通高 67 厘米
青州龙兴寺遗址窖藏出土
青州博物馆藏

二七 彩绘佛立像

北齐
高 142 厘米 宽 37 厘米
1996 年青州龙兴寺遗址窖藏出土
青州博物馆藏

公元 5 世纪中叶 笈多王朝
释迦佛立像
印度勒克瑙邦立博物馆藏
（资料来源：[日] 肥塚隆、宫治昭编《世界美术大全集·东洋编》第 13 卷《インド（I）》，小学馆，2000 年，第 174 页）

单体圆雕，石灰石质。联珠式螺发，肉髻微凸，面相长圆，双目低垂，表情含蓄。着双领下垂式袈裟，轻薄贴体，上饰田相纹，外施彩绘。佛左手施与愿印，右手施无畏印。整尊佛像衣纹流畅自然，具有典型的宽肩、细腰、鼓腹等造像特征，呈庄严肃穆之态，令人心生敬畏。

二八 彩绘佛立像

北齐
残高128厘米 宽46厘米 厚20厘米
1996年青州龙兴寺遗址窖藏出土
青州博物馆藏

单体圆雕，石灰石质。该佛像身着彩绘通肩袈裟，袈裟轻薄贴体，上无任何衣纹。宽肩，细腰，胸腹微凸。双腿修长，左腿直立，右腿微屈，身体重心落在左腿上。

整件雕刻刀法娴熟，工艺精湛，特别是薄衣贴体的衣纹以及右脚微曲的处理使得该佛像显得生动传神，可为北齐石雕佛像一绝。该造像较为特殊，具有浓郁的印度笈多鹿野苑（即萨尔纳特）佛像艺术特色，在青州地区实属罕见。尤其是采用一脚微屈的动感姿势，这本是印度犍陀罗佛菩萨立像最常见的一种造像姿态，但中国佛教造像为表庄严，一般都雕刻成双腿直立形象，略显僵硬，不及单腿微屈来得生动。这是目前青州出土的唯一一件单膝微屈作前行状的佛造像，这类极具动感的屈膝姿势在北朝佛造像中极为罕见，唯北朝响堂山石窟中几件菩萨造像中才有如此活泼的造型表达。值得注意的是，南朝造像如四川万佛寺遗址出土大型佛造像中部分也作屈膝姿势，但微屈幅度较小，袈裟纹理风格上更多受笈多艺术马图拉风格的影响。

特别值得注意的是，笈多艺术流派中鹿野苑风格对青州佛像的影响尤为显著。北齐时期青州单体佛像衣纹处理大多趋于简洁，仅在领口、袖口以及下摆处雕刻一道衣边，这种简约技法反而使得佛像圆润光洁，充分展现了身躯线条之美，达到了极高的艺术效果。这种衣纹处理手法源于萨尔纳特式造像，青州地区广泛流行。笔者推测，青州地区很可能有印度或者东南亚佛教传法僧、工匠直接参与指导造像。由于这类佛教石刻未经汉地工匠深入吸收改造，呈现出浓郁的异域风格，因此未成为石刻佛造像的主流样式。

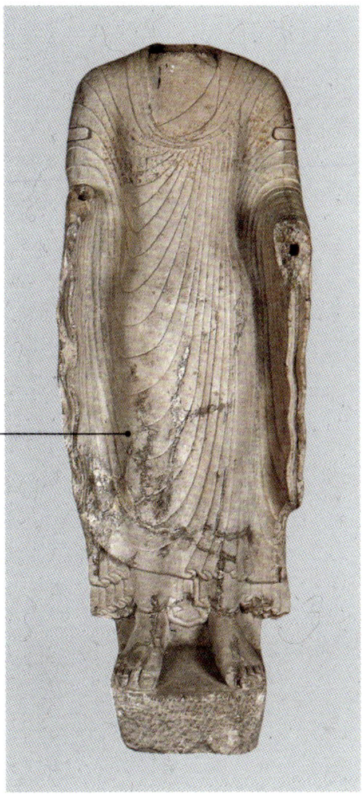

梁中大通元年（529年）
道猷等造释迦佛立像
成都万佛寺遗址出土
四川博物院藏

二九 贴金彩绘佛立像

北齐
高 171 厘米 宽 40 厘米 厚 20 厘米
1996 年青州龙兴寺遗址窖藏出土
青州博物馆藏

单体圆雕，石灰石质。肉髻微凸，发饰涡旋纹，面相圆润，贴金剥落。眉用阴刻弧线表示，鼻梁高直，双目下视。身着通肩红色田相纹袈裟，轻薄贴体，右手下垂提捏衣角。胸部微隆，细腰。跣足立于莲台上。

A398

三〇 贴金彩绘佛立像

北齐
残高 190 厘米
1996 年青州龙兴寺遗址窖藏出土
青州博物馆藏

单体圆雕，石灰石质，贴金彩绘佛立像。佛像涡旋纹螺发，肉髻低矮，面相圆润，双目微合，表情沉静。身着通肩袈裟，衣纹采用印度鹿野苑造像艺术轻薄贴体的风格，上施彩绘田相。左手上举残缺，右手轻提衣角，跣足立于莲台上。整尊造像呈现出北齐流行的宽肩、鼓腹、细腰等形体特征。

北齐初年以后，北魏晚期至东魏时期流行的单纯背屏式佛像基本退出历史舞台，取而代之的是受印度笈多艺术思潮影响下的各类圆雕佛像，北齐曹仲达所创造的“其体稠叠，衣服紧窄”的“曹家样”佛教绘画及雕塑艺术盛行一时。这类样式早在 4 世纪前就沿着丝绸之路逐步向中国传播，从传世的犍陀罗石佛、克什米尔出土的石佛、图木舒克出土木雕立佛、吐鲁番出土泥塑立佛，可以看到在此之前已经在不断受到这种样式的影响。直到北齐，造像衣薄贴体、如出水中的表现手法才开始形成具有影响力的时代样式，并成为佛教造像的四大楷模之一。

佛教宣称三世诸佛皆着袈裟，这也是出家僧人的固定标志。田相纹袈裟是青州龙兴寺出土北朝石刻造像的流行式样之一。唐道宣《广弘明集》卷二十五载：“谓袈裟为福田衣，衣名销瘦，取能销瘦烦恼。”故袈裟又称“田相衣”或“福田衣”，对僧人解脱成佛具有重要意义。据道宣《四分律删繁补阙行事钞》卷三载偈文：“大哉解脱服，无相福田衣。披奉如戒行，广度诸众生。”

三一 贴金彩绘佛立像

北齐
残高 114 厘米 宽 34 厘米
1996 年青州龙兴寺遗址窖藏出土
青州博物馆藏

单体圆雕，石灰石质。佛首螺发，肉髻微凸。面相圆润，长目低垂，呈微笑状。肌肤裸露处如面部、颈部等皆贴金，此为表现佛身黄金色，有“月貌金容”之像。圆形头光残损，由双层莲瓣、彩绘同心圆组成，外匝饰有浮雕坐佛，与前述造像相同，应为“过去七佛”图像。佛身着圆领通肩袈裟，上饰彩绘田相。左手残缺，右手握衣角，跣足立于莲台上。

此尊造像袈裟同样紧贴身体，表现佛身体轮廓的起伏，仅在双手、双足处显示袈裟衣纹，右脚似有极细微的屈膝姿态，可谓简约大气。整尊同样显示了笈多王朝鹿野苑艺术流派对青州“薄衣贴体”造像的影响，但不似笈多造像身体的动感，其神态更多优雅挺拔、沉凝静谧，符合中国儒家传统文化的审美。

公元 473 年 笈多王朝
鹿野苑遗址出土
印度鹿野苑考古博物馆藏
（资料来源：[日] 肥塚隆、宫治昭编《世界美术大全集·东洋编》第 13 卷《インド（I）》，小学馆，2000 年，第 188 页）

三二 贴金彩绘佛立像

北齐
残高 63 厘米
1996 年青州龙兴寺遗址窖藏出土
青州博物馆藏

单体圆雕，石灰石质。佛像全身贴金彩绘，螺发，莲目果唇，满月之脸，原为圆形头光，现大部分残缺。佛身着通肩式袈裟，轻薄贴体无衣纹，整体呈现出北齐佛教造像十分明显的宽肩、细腰和鼓腹等特征。右手自然下垂，左手残缺，似作轻提衣袖状，仅双手、手足处表现袈裟衣纹。

整尊佛像袈裟紧贴身体轮廓，垂落流畅，具有典型的宽肩、细腰、鼓腹等造像特征，呈庄严肃穆之态。这类造像具有典型的印度笈多王朝鹿野苑流派“薄衣贴体”的艺术风格，清新简约，也有颇“面短而艳”的张家样，可见其借鉴外来、融合南北的艺术取向。

三三 贴金彩绘佛立像

北齐

高 150 厘米 宽 45 厘米 厚 25 厘米

1996 年青州龙兴寺遗址窖藏出土

青州博物馆藏

单体圆雕，石灰石质。该佛造像联珠状螺发，肉髻微凸，上施绀青色。面相圆润，双目微睁，面目慈祥。身着袒右袈裟，轻薄贴体，尤为独特的是该袈裟从左肩斜披裹身后，又从左肩胸前垂下，上饰凸棱状斜线衣纹简约大气，下摆衣褶残有贴金。

该佛像是青州北齐造像中最具艺术魅力的作品之一，似具有南印度阿马拉瓦蒂艺术造像的某些特征，但衣纹处理又极简约，线条时见缺落，气韵生动；宽肩、细腰、鼓腹，身体线条展露无遗，然其体态、面容及袈裟衣纹等方面又反映出青州艺术家的创造性吸收与改造，具有超越性的艺术魅力。

学界以往一般认为北齐时期曹仲达采用西域画风，是青州佛像风格的重要源头。北宋郭若虚《图画见闻志》谓“曹之笔，其体稠叠而衣服紧窄”，故后世称之曰“曹衣出水”，而且这种绘画风格成为雕塑铸像的模板，即“雕塑铸像，亦本曹吴”。因此自青州龙兴寺造像出土后，不少学者以此作为“曹家样”的模板进行研究。事实上，倘若细致考究，这种说法可能也存在一定问题。曹仲达虽为粟特人或粟特人后裔，然其出生于南梁，一方面可能吸收当时西域画风，一方面更注重学习发挥南亚、东南亚新传来的造像艺术风格，同时融合南朝艺术。由于南北政局的变动，曹氏后服务于北齐政权，最后又至长安服务于隋，其主要活动范围在邺城及长安。因此，在中外、南北文化大融合的背景下，曹氏本身就融合了多元艺术风格，以西域画风称之可能有失偏颇。且青州造像风格大概并非直接来源于曹家样，更可能直接取法自南朝以及东南亚、印度北部笈多艺术或南部阿马拉瓦蒂艺术等。东魏、北齐时期，得益于与南方海上交通的发达，青州北朝得以从海上与南朝以及海外联系，这可能是北朝青州造像艺术风格转变的重要地理因素。

注释：

①邱忠鸣：《曹仲达与“曹家样”研究》，《故宫博物院院刊》2006 年第 5 期；罗世平《青州北齐造像及其样式问题》，《美术研究》2000 年第 3 期；邱忠鸣《北朝晚期青齐区域佛教美术研究》，中央美术学院 2005 年博士论文。

②费泳：《南北朝时期佛教造像传播格局的转变》，《敦煌研究》2004 年第 2 期。

公元 3 世纪
佛陀立像
印度阿马拉瓦蒂考古博物馆藏
（资料来源：[日]肥塚隆、宫治昭编《世界美术大全集·东洋编》第 13 卷《インド（I）》，小学馆，2000 年，第 138 页）

公元 5 世纪 南印度
铜佛造像
美国大都会艺术博物馆藏
（资料来源：大都会艺术博物馆官网，藏品编号：1998.414）

三四 彩绘浅刻法界人中像

北齐

残高 115 厘米 宽 43 厘米 厚 25 厘米

1996 年青州龙兴寺遗址窖藏出土

青州博物馆藏

单体圆雕，石灰石质。佛像头部残缺，身着袒右袈裟，正面以双阴刻线将袈裟前身分成十三块方框，框内浅刻山峦、宫殿、树木、人物、动物等佛经故事场景，人物多身着胡服，体现北齐胡族文化的强烈影响。方框间隔采用剔地浅浮雕人物花卉图案作为装饰，从上至下属佛教三界（欲界、色界、无色界）六道（天、阿修罗、人间、畜、饿鬼、地狱）的众生图像。中部一佛二菩萨似为说法图，下部则有兽首人身的恶鬼和火焰纹等，当为恶鬼道和地狱道情景。

该造像先采用减地平雕的手法雕出图案轮廓，然后加以彩绘描绘细部，由于彩绘几乎全部脱落，因此目前仅能从剔刻痕迹中观其大概。佛身浮雕图像以胡人形象表现，或属鲜卑族人供养。值得注意的是，青州地区曾出土一组（共 9 件）北朝砖雕石栏板，其上均雕刻胡人商贸场景，与卢舍那佛袈裟上所绘颇有共同的时代特色。这些也是北齐鲜卑族政权崇尚佛教与西域胡族文化的重要体现。

佛身中浮雕或彩绘贴近佛教三界六道图像的佛像是北齐青州地区造像的一大特色，也是中古佛教艺术学界关注度最高的热点题材之一。据不完全统计，海内外现存这类青州风格佛像约存 20 尊，古青州地区出土则 14 件之多，以贴金彩绘为多，浮雕浅刻仅两三例。海外所存最著名者如美国国立亚洲艺术博物馆藏北齐至隋代且满身雕刻三界六道图像的佛造像。

此外，敦煌石窟、中山大学博物馆等皆有法界人中像。此类造像引起海内外学界的高度关注，撰文研究者甚众。其造像经典渊源及依据问题目前仍是学界讨论的热点话题之一，关于其命名也有较大的争议。中日大多数学者认同这是《华严经》思想影响下的卢舍那法界人中像，旨在表现“无尽平等妙法界，悉皆充满如来身” “佛身充满诸法界，普现一切众生前”等思想。清王昶辑《金石萃编》卷三三载《道朏造像记》：“大齐天保十年七月十五日，比丘道朏敬造卢舍那法界人中像一躯，愿尽虚空遍法界一切众生成等正觉。”由于缺乏图像，故很难确定这究竟是怎样一身造像。自大村西崖、松本荣一等学者以来，学界大多认同北朝中后期地论、华严之学兴盛，青州是重要的义学发达之地，因此促成了卢舍那法界人中像的诞生和流行。然而，1986 年美国学者何恩之（A.F.Howard）出版《宇宙佛图像》一书，从世界佛教艺术发展视角出发，认为这些图像与《华严经》无关，而是《法华经》中神格化的历史性佛主即宇宙主释迦佛。何恩之此说是对近代以来卢舍那法界人中像说的根本否定，从而引起了海内外学界的激烈争论。如日本著名佛教艺术史家宫治昭则赞同宇宙主释迦佛的观点。当然，佛教艺术研究学界仍以赞同卢舍那法界人中像说的占绝大多数。关于这类佛教造像艺术，仍有继续从图像、教义和国际佛教文化传播等多方面探讨的空间。

参考文献：

［日］松本荣一：《敦煌画の研究》，日本东方文化学院东京研究所，日本昭和十二年（1937 年），第 189~195、291~315 页。

［日］吉村怜：《卢舍那法界人中像の研究》，日本《美术研究》第 203 号，1959 年。［日］吉村怜：《再论卢舍那法界人中像》，《佛教艺术》第 242 号，1999 年。（中译本：［日］吉村怜著，卞立强、赵琼译：《天人诞生图研究——东亚佛教美术史论文集》，中国文联出版社，2002 年。

A.F.Howard, *The Imagery of the Cosmological Buddha*, Leiden,1986.

［日］宫治昭：《宇宙主としての释迦佛—インドから中央アジア中国へ—（宇宙主释迦佛——从印度到中亚、中国）》，《曼荼罗と轮回—その思想と美术》，佼成出版社，1993 年。此论文有贺小萍译文，载于《敦煌研究》2003 年第 1 期。

李玉珉：《法界人中像》，《故宫文物月刊》1993 年第 121 期。

李静杰：《卢舍那法界图像研究简论》，《故宫博物院院刊》2000 年第 2 期。

姚崇新：《中山大学图书馆藏北齐卢舍那法界人中像及相关问题》，《中古艺术宗教与西域历史论稿》，商务印书馆，2011 年，第 109~162 页。

林保尧：《弗利尔美术馆藏隋石佛立像衲衣线刻画略考——衲衣图像画面构成试析》，《艺术学》2006 年第 22 辑。

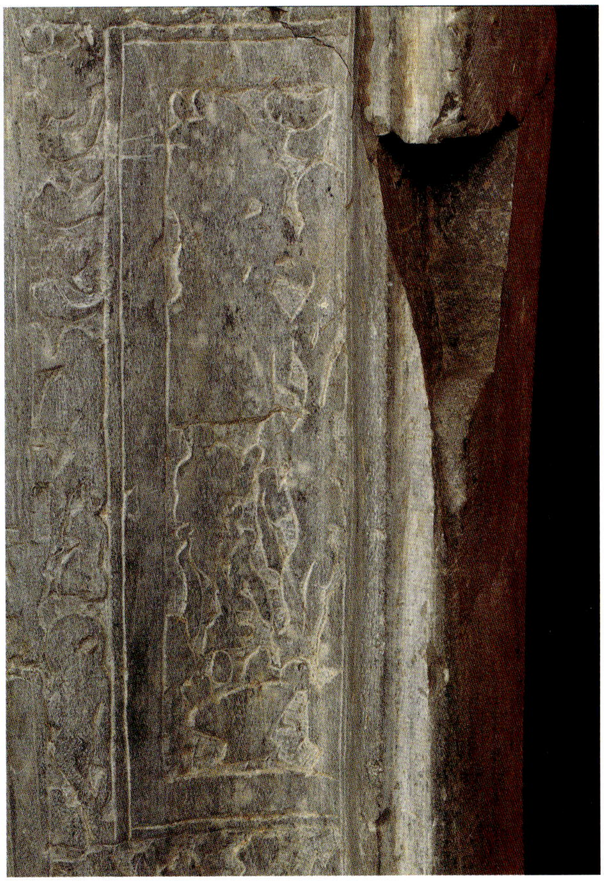

北齐 浅刻法界人中像残件
青州龙兴寺遗址窖藏出土
青州博物馆藏

北齐 贴金彩绘卢舍那法界人中像
通高 121 厘米
青州龙兴寺遗址窖藏出土
青州博物馆藏

隋 卢舍那人中像
美国国立亚洲艺术博物馆藏

北齐 贴金彩绘卢舍那人中像
青州龙兴寺遗址窖藏出土
青州博物馆藏

三五 彩绘佛立像

北齐
残高 81 厘米 宽 28 厘米
1996 年青州龙兴寺遗址窖藏出土
青州博物馆藏

单体圆雕佛立像，石灰石质。该佛像涡旋纹螺发，肉髻微凸，呈较矮的馒头形。显示出由东魏向北齐演变的螺髻样式。面相丰满圆润，眉如弯月，耳轮垂埵，胸部平坦，腰细长，小腹微鼓，体态优美。

该佛像最典型的特征是其采用印度笈多艺术萨尔纳特流派薄衣贴体（或曰裸体派）的衣纹风格，呈现出强烈的外来文明的影响。这类造像在邺城北吴庄窖藏造像中也有发现，也与5~6 世纪东南亚佛教造像艺术颇为相类。邺城北吴庄窖藏造像诸多新发现可与青州造像的一些风格对应，因此，作为东魏、北齐都城的邺城造像与青州造像之间的关系值得重新审视。

文明的演进从来都是在开放与交流中不断突破与创新的。青州地区拥有独特的历史和地理优势，一方面可以融合南北艺术之长，一方面又积极接受新思潮，广泛吸收海上丝路（或经南朝）传来的新式造像艺术，形成了北朝中后期独树一帜的青州风格。

汉末魏晋乃至南北朝初期，中国汉地造像主要受月氏贵霜帝国时兴起的犍陀罗、秣菟罗造像的影响，尤其是犍陀罗造像，融合了希腊、罗马、波斯甚至斯基泰草原文化的诸多元素，形成了具有东西方多元文明元素的佛教艺术，由此东传至汉地，又经由汉地传播至朝鲜半岛和日本等地。国际局势的瞬息万变也影响着佛教文化和艺术的发展，随着贵霜帝国的覆灭，印度笈多王朝（319~550 年）崛起，印度古典文化和艺术发展迎来了黄金时代，由此也影响了斯瓦特和克什米尔、尼泊尔等地区以及东南亚诸国、东亚等佛教国家。与此同时，印度南方的安达罗王朝的阿马拉瓦蒂造像风格影响了狮子国（斯里兰卡）及东南亚地区的一些造像，经由狮子国、扶南等国家通过海上丝路传至汉地。

总体而言，青州风格既有借鉴了印度笈多王朝的两大造像流派，即马图拉造像和以鹿野苑造像的部分，也有吸收南印度阿马拉瓦蒂造像流派的部分，可见其青州造像渊源的多元性与复杂性。这种佛像艺术未必是直接由笈多、安达罗到中国的，或许是通过与南朝往来密切的扶南国、狮子国等曾经强大的佛教古国传播而来。

北齐 青石佛立像
2012 年河北邺城北吴庄窖藏出土
邺城考古博物馆藏

L0144

三六

贴金彩绘佛立像

北齐

通高 138 厘米　像高 116 厘米　宽 40 厘米　厚 25 厘米

1996 年青州龙兴寺遗址窖藏出土

青州博物馆藏

单体圆雕，石灰石质。该佛造像涡旋纹状螺发，肉髻微凸，面颊丰满，莲目果唇，莞尔微笑。身着袒右袈裟，上施彩绘已氧化呈黑色。宽肩，腹部略鼓，神态祥和。右手施无畏印，左手下垂，轻提衣角。跣足立于莲台上。身体裸露处如面部、右胸肩以及手足等全部用贴金装饰。

佛像袈裟表面无任何衣纹，仅在衣裙边缘露出着衣迹象，这是印度笈多王朝鹿野苑造像“薄衣贴体”且无衣纹的艺术处理手法。印度笈多艺术在东南亚又不断发展，这一样式似与扶南国造像有更多相似处。

三七 贴金彩绘佛头像

北齐
残高22厘米 宽16厘米 厚15厘米
1996年青州龙兴寺遗址窖藏出土
青州博物馆藏

单体圆雕，石灰石质，贴金彩绘佛头像。该佛头像联珠状螺发，肉髻由北魏中晚期至东魏时期的高凸转为低矮，上施绀青色。面相圆润，整体贴金，略带微笑，眉用黑彩勾画，眼睛细长微张，黑彩画出眼珠。鼻梁挺直。

三八 贴金彩绘佛头像

北齐
残高 23.5 厘米
1996 年青州龙兴寺遗址窖藏出土
青州博物馆藏

单体圆雕，石灰石质。佛首联珠状右旋螺发，肉髻微凸，前额宽大，眉骨高显，莲目微垂，鼻高挺直。面部整体贴金，尚存局部。面相有深目高鼻的异域之风，眉如初月，凝神思远。给人以沉静安详之感。青州造像联珠纹螺发等特征受印度笈多王朝造像艺术影响。整尊头像面容饱满，神态庄严，体现了青州工匠高超的雕刻技法。

三九

贴金彩绘佛头像

北齐
残高28厘米 宽18厘米 厚18厘米
1996年青州龙兴寺遗址窖藏出土
青州博物馆藏

单体圆雕，石灰石质。佛首涡旋纹发，肉髻微凸，上施绀青色隐约可见。面如满月，弯眉用阴线刻画，双目半睁半闭，鼻高且直，嘴角上翘，唇涂朱红，莞尔微笑。面部整体贴金，今局部尚存。

整尊雕刻注重人物神情表达，又保留了极为珍贵的贴金装饰，既华美自然又寂静庄严，传达出佛陀通过修行觉悟的内在喜悦和无限慈悲，展现了青州北朝造像“以形写神，形神兼备”的高超艺术风范。

四〇 贴金彩绘佛头像

北齐
残高 30 厘米
1996 年青州龙兴寺遗址窖藏出土
青州博物馆藏

单体圆雕佛头像，石灰石质。该佛头像饰涡旋纹螺发，肉髻微凸，上施绀青色。面相方圆，双眉用阴线刻，眼睛微开，细长弯曲，黑彩绘眼珠。鼻梁挺直，嘴角微笑，唇涂朱红。面部与双耳贴金，多已脱落。

四一 贴金彩绘佛头像

北齐
残高27.5厘米
1996年青州龙兴寺遗址窖藏出土
青州博物馆藏

单体圆雕，石灰石质，贴金彩绘佛头像。该佛头像饰涡旋纹螺发，肉髻低矮。面相圆润，宽眉高鼻，阴线刻出弯眉，双目微垂，表情恬静。彩绘已脱落，面部及颈部尚存部分贴金。整尊头像面容丰腴，神态庄严，体现了青州工匠高超的雕刻技法。从风格上判断当属北齐中晚期佛造像。

四二 贴金彩绘佛头像

北齐
残高 27.5 厘米 宽 19 厘米 厚 18 厘米
1996 年青州龙兴寺遗址窖藏出土
青州博物馆藏

单体圆雕，石灰石质。佛首涡旋纹螺发，肉髻低矮，面相丰腴圆润，表情恬静。阴线刻出弯眉，长目微垂，嘴唇轻合。下颌有一道阴线刻，以表饱满。

四三

贴金彩绘菩萨立像

北齐
通高110厘米 像高84厘米 宽30厘米 厚20厘米
1996年青州龙兴寺遗址窖藏出土
青州博物馆藏

单体圆雕，石灰石质。该菩萨像面相丰腴圆润，头戴贴金宝冠，宝冠两侧饰摩尼宝珠纹。颈饰贴金联珠项圈。上身着袒右僧祇支；下身着贴体长裙，饰帔帛璎珞，璎珞于腹前相交处为火焰形摩尼宝珠。

整躯菩萨造像挺拔健壮，宽肩，细腰，体现出北齐佛像的普遍特征。从宝冠到璎珞中的摩尼宝纹是此尊菩萨像装饰的重要特征之一。南朝宋畺良耶舍译《佛说观无量寿佛经》记载大势至菩萨“顶上肉髻，如钵头摩花，于肉髻上有一宝瓶，盛诸光明，谱现佛事”。从造型与装饰上判断，此造型或为北朝流行的大势至菩萨像。

四四 彩绘菩萨像

北齐
残高 36 厘米
1996 年青州龙兴寺遗址窖藏出土
青州博物馆藏

单体圆雕，石灰石质。菩萨饰圆形头光，头戴花冠，高发髻，冠式独特。面容丰满，耳垂宽大，低眉含笑，鼻翼丰满，神态祥和。颈饰联珠绳状项圈，发辫垂至左右两肩臂。

从造型和艺术特征上看，具有张僧繇“面短而艳”的风格。该尊菩萨也受印度风格影响，无论眼睑、身饰以及衣纹都具有笈多艺术特征，这类带有浓厚南亚艺术风格的造像仅见数尊，很可能直接取自外来粉本，未加过多修饰。然其冠帽又传承北朝贵族服饰，因此这是中西文化结合的产物。

四五

贴金彩绘菩萨立像

北齐
残高57厘米 宽26厘米
1996年青州龙兴寺遗址窖藏出土
青州博物馆藏

单体圆雕，贴金彩绘菩萨立像，石灰石质。该菩萨像头戴花冠，双目下敛，鼻梁挺直，莞尔微笑，表情和蔼可亲。上身袒露，披项圈，璎珞严身，相交于腹前圆璧中。下身着长裙，腰间博带长垂。左手持物残，从残存细口可知当为净瓶。整体雕塑既有庄严之饰又有令人放松之态，表情、造型具有浓郁的印度笈多艺术风格。

第四单元

隋代

公元581年，崇信佛教的杨坚通过禅让夺取了北周政权，建立了隋朝。隋朝辅一建立就宣布复兴佛教，仁寿年间三次敕令境内州郡建立佛塔110余所，“天下之人，从风而靡，竞相景慕，民间佛经多于六经数十百倍。”(《隋书》卷三十五《经籍志》)。同时，隋文帝、隋炀帝都曾大规模修治旧像、建造新像，融合南朝艺术，推动了佛教造像艺术的审美变迁。青州作为最重要的文化中心之一，佛教造像在北齐基础上更倾向于融合南朝。驼山石窟的隋初造像开启了典型青州隋代风格。

四六 贴金彩绘佛坐像

北齐至隋
高 64 厘米 宽 40 厘米 厚 35 厘米
1996 年青州龙兴寺遗址窖藏出土
青州博物馆藏

单体圆雕，石灰石质。佛首联珠状螺发，肉髻低平，长圆脸。身着袒右袈裟，胸膛挺拔，左手施与愿印，右手残，当施无畏印。跏趺坐于圆形浅浮雕双层仰莲瓣座上。袈裟下部衣纹轻薄贴体，覆盖于莲座前[①]。面部及手、足部裸露处尚存部分贴金，乃为表现佛身庄严之黄金色。

青州圆雕造像所见跏趺坐佛像甚少，目前见有四尊，皆为北齐或隋初造像。北齐首都邺城响堂山多以坐佛为主，曲阳修德寺所处出白石佛像较多。定州刺史高叡（高欢之侄）曾于北齐天保二年在灵寿县幽居寺为高欢、高澄及父母、己身造释迦佛、无量寿佛、阿閦佛共三尊，皆为跏趺坐佛[②]。诸城出土北齐天保三年僧济本造像亦为跏趺悬裳座、褒衣博带式佛像。从螺发、面部及衣纹等多处特征可知，该佛像仍为典型北齐晚期至隋初造像。

注释：

①［日］村田靖子著，金申译：《佛像的谱系——从犍陀罗到日本：相貌表现与华丽的悬裳座的历史》，上海辞书出版社，2002 年；［日］岩井共二：《中国南北朝时代における裳悬座の展开》，《佛教艺术》212 号，1994 年，第 37 ~ 60 页。

②刘建华：《北齐赵郡王高叡造像及相关文物遗存》，《文物》1999 年第 8 期。

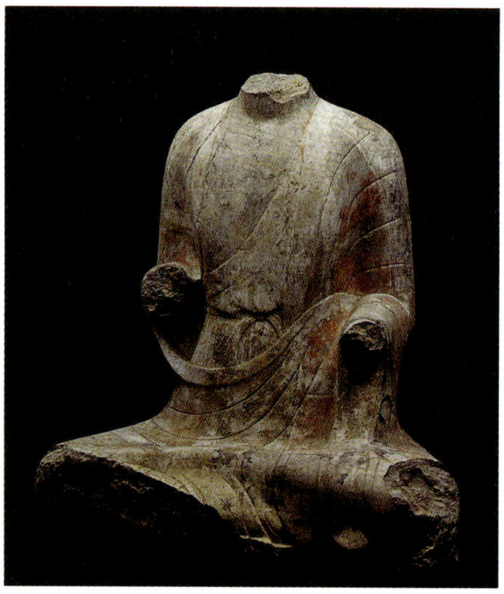

北齐至隋 跏趺坐佛像
青州龙兴寺遗址窖藏出土
青州博物馆藏

北齐至隋 倚坐佛像
青州龙兴寺遗址窖藏出土
青州博物馆藏

四七

贴金彩绘佛坐像

隋

高 73 厘米

1996 年青州龙兴寺遗址窖藏出土

青州博物馆藏

单体圆雕，石灰石质。该佛造像联珠状螺发，肉髻低矮，脸形长圆，颈部有蚕节纹，身着南北朝士族褒衣博带式袈裟，胸前露出僧祇支和绅带。衣纹轻薄，用阴线刻，衬托出削肩、胸微挺、腹内收的优美体态。佛结跏趺坐于仰莲台座上，袈裟盖过莲台，为悬裳座佛像。从现存双手姿势可推断佛像施无畏与愿印。

该造像一改北齐丰腴圆润的面貌，整体雕刻风格遒劲，形体质朴清瘦，衣褶流畅，气韵标举，呈现出俊美典雅的特征，袈裟服饰又有回归南朝文化的倾向，这与隋代反思六朝文化与重塑质朴审美特点的思潮基本相符。

A206
L0153

四八 贴金彩绘佛头像

北齐至隋
残高 27.2 厘米
1996 年青州龙兴寺遗址窖藏出土
青州博物馆藏

单体圆雕，石灰石质。该佛头像饰联珠状螺发，肉髻微凸，尚存部分施彩（绀青）痕迹。整尊造像莲目果唇，莞尔微笑，面容俊逸清瘦，鼻梁高挺，尽显含蓄玄远之美。 面部、颈部均残留贴金。从风格上判断或当属北齐晚期至隋初造像。

四九 贴金彩绘观音菩萨立像

北齐至隋

通高115厘米 像高93厘米 宽30厘米 厚25厘米

1996年青州龙兴寺遗址窖藏出土

青州博物馆藏

单体圆雕，石灰石质。该菩萨像面相清秀，头戴贴金宝冠，宝冠中部为化佛。两侧发辫由肩部垂至手臂，颈饰贴金项圈。上身着袒右贴金边僧祇支，下身着彩绘红色长裙，饰绿色帔帛与贴金瓔珞，跣足立于莲台上。菩萨腹部瓔珞相交处为摩尼宝珠，此为佛教“七宝”之一，这类装饰样式在北朝菩萨瓔珞中颇为特殊。

整躯尊像身体挺拔，风姿秀美，雕刻娴熟，装饰技法多姿多彩。从宝冠、化佛及颈佩项圈、身披瓔珞等情况判断，此造像应是当时最为流行的观世音菩萨。戴化佛宝冠观音源自佛教净土信仰，多为无量寿佛胁侍。据刘宋禅师畺良耶舍译《佛说观无量寿佛经》记载：“此菩萨……顶上毗楞伽摩尼妙宝以为天冠，其天冠中有一立化佛。”经中所谓“毗楞伽摩尼宝”即摩尼宝珠，青州北朝观音菩萨造像头冠中常见，龙兴寺出土有三尊雕刻精湛的头戴化佛宝冠的北朝晚期至隋观音造像。佛教宣扬观世音菩萨能在各种危难时刻给人以救护和关怀，因此深受世人推崇。北魏分裂后，观世音菩萨造像与刻经急剧增加，这与东魏、西魏激烈混战以及北齐、北周频繁交兵的历史现状有关，政治动荡不安的社会中，世人祈求获得菩萨护佑，此时盛行的伪经《高王观世音经》正是在这种历史背景下产生的。

这类观音菩萨像或常与阿弥陀佛、大势至菩萨组成西方三圣一铺造像。青州地区西方三圣信仰及其图像颇为流行。据青州博物馆藏《临淮王造像碑》（也称《娄定远碑》）载，北齐临淮王、青州刺史娄定远（高欢娄皇后兄弟娄昭之子，其从兄弟为娄叡）曾“制无量寿一区，高三丈九尺，并造观世音、势至二大士而夹侍焉”。其碑文略载西方三圣形象云：“白银之丽咸写，紫金之妙毕图。豪如五岭之旋，即之便觌；目似四溟之洁，验之犹在。毗楞宝冠，带左而驰耀；钵摩肉髻，据右而飞光。望舒之迥处星中，须弥之孤暎海外。”

该碑文中“毗楞宝冠，带左而驰耀”是指观世音菩萨立于左侧，顶上毗楞伽摩尼宝以为天冠；“钵摩肉髻，据右而飞光”即指大势至菩萨立于右侧，其顶上肉髻如钵头摩华（意译“红莲花”）。此与刘宋畺良耶舍《佛说观无量寿佛经》记载观音菩萨面如阎浮檀金色、臂如红莲花色、顶上毗楞伽摩尼宝天冠中有化佛记载吻合。青州龙兴寺遗址窖藏中的观音菩萨像盖可与此比拟。该经中记载大势至菩萨则：“天冠有五百宝华……顶上肉髻如钵头摩华，于肉髻上有一宝瓶，盛诸光明，普现佛事。余诸身相，如观世音，等无有异。”南北朝造像中也发现不少天冠中带宝瓶的菩萨像，大概率为大势至菩萨。

东魏至北齐
贴金彩绘菩萨像
青州龙兴寺遗址窖藏出土
青州博物馆藏

北齐至隋
贴金彩绘观音菩萨像
青州龙兴寺遗址窖藏出土
青州博物馆藏

北齐至隋
贴金彩绘观音菩萨像
青州龙兴寺遗址窖藏出土
青州博物馆藏

五〇

贴金彩绘左胁侍菩萨像

隋

残高 43.5 厘米　残宽 40 厘米

1996 年青州龙兴寺遗址窖藏出土

青州博物馆藏

高浮雕，石灰石质，贴金彩绘背屏式左胁侍菩萨造像。菩萨头戴花冠，双目下敛，鼻梁高挺，莞尔微笑。颈饰项坠，身着天衣，饰以帔帛、璎珞装饰。整尊庄严肃穆而又气韵生动。

主要参考文献

一、古籍文献

〔东晋〕法显撰：《法显传》，章巽校注，上海古籍出版社，1985 年。

〔梁〕沈约等撰：《宋书》，中华书局，1974 年。

〔梁〕僧祐撰，苏晋仁、萧炼子点校：《出三藏记集》，中华书局，1995 年。

〔梁〕释慧皎撰，汤用彤校注：《高僧传》，中华书局，1992 年。

〔北魏〕杨衒之撰，范祥雍校注：《洛阳伽蓝记》，上海古籍出版社，1958 年。

〔北齐〕魏收撰：《魏书》，北京：中华书局，1974 年。

〔北齐〕颜之推撰，王利器校注：《颜氏家训》，中华书局，1979 年。

〔唐〕房玄龄等撰：《晋书》，中华书局，1974 年。

〔唐〕姚思廉等撰：《梁书》，中华书局，1974 年。

〔唐〕姚思廉等撰：《陈书》，中华书局，1972 年。

〔唐〕令狐德棻等撰：《周书》，中华书局，1971 年。

〔唐〕李百药撰：《北齐书》，中华书局，1972 年。

〔唐〕李延寿撰：《北史》，中华书局，1974 年。

〔唐〕李延寿等撰：《南史》，中华书局，1973 年。

〔唐〕魏征、令狐德棻等撰：《隋书》，中华书局，1973 年。

〔唐〕法琳：《辨证论》，《大藏经》第 52 册，台北新文丰出版公司影印本，1975 年。

〔唐〕释道宣撰，郭绍林点校：《续高僧传》，中华书局，2014 年。

〔唐〕义净撰，王邦维校注：《南海寄归内法传》，中华书局，2020 年。

〔唐〕张彦远撰：《历代名画记》，人民美术出版社，1964 年。

〔宋〕释道诚：《释氏要览》卷中，《大正藏》第 54 卷，台北新文丰出版公司影印本，1975 年。

〔宋〕郭若虚撰：《图画见闻志》，人民美术出版社，1964 年。

〔宋〕赞宁撰，范祥雍点校：《宋高僧传》，中华书局，1987 年。

逯钦立辑校：《先秦汉魏晋南北朝诗》，中华书局，1983 年。

韩理洲编：《全北魏东魏西魏文补遗》，三秦出版社，2010 年。

二、考古资料与图录

李锡经：《河北曲阳修德寺遗址发掘记》，《考古通讯》1955 年第 3 期。

罗福颐：《河北曲阳出土石像清理工作简报》，《考古通讯》1955 年第 3 期。

王思礼：《山东省广饶、博兴二县的北朝石造像》，《文物》1958 年第 4 期。

杨伯达：《曲阳修德寺出土纪年造象的艺术风格与特征》，《故宫博物院院刊》1960 年第 2 期。

常叙政、李少南：《山东省博兴县出土一批北朝造像》，《文物》1983 年第 7 期。

丁明夷：《谈山东博兴出土的铜佛造像》，《文物》1984 年第 5 期。

李少南：《山东博兴出土百余件北魏至隋代铜造像》，《文物》1984 年第 5 期。

夏名采：《益都北齐石室墓线刻画像》，《文物》1985 年第 10 期。

山东省博兴县文物管理所：《山东博兴龙华寺遗址调查简报》，《考古》1986 年第 9 期。

韩岗：《山东诸城出土北朝铜造像》，《文物》1986 年第 11 期。

诸城市博物馆：《山东诸城发现北朝造像》，《考古》1990 年第 8 期。

杜在忠、韩岗：《山东诸城佛教石造像》，《考古学报》1994 年第 2 期。

宁荫棠：《山东章丘市发现东魏石造像》，《考古》1996 年第 3 期。

夏名采、庄明军：《山东青州兴国寺故址出土石造像》，《文物》1996 年第 5 期。

青州市博物馆：《山东青州发现北魏彩绘造像》，《文物》1996 年第 5 期。

赵正强：《山东广饶佛教石造像》，《文物》1996 年第 12 期。

夏名采、刘华国、杨华胜：《山东青州出土两件北朝彩绘石造像》，《文物》1997 年第 2 期。

周建军、徐海燕：《山东巨野石佛寺北齐造像刊经碑》，《文物》1997 年第 3 期。

李裕群：《邺城地区石窟与刻经》，《考古学报》1997 年第 4 期。

博兴县文物管理所：《山东博兴县出土北朝造像等佛教遗物》，《考古》1997 年第 7 期。

成都市文物考古工作队、成都市文物考古研究所：《成都市西安路南朝石刻造像清理简报》，《文物》1998 年第 11 期。

山东省青州市博物馆：《青州龙兴寺佛教造像窖藏清理简报》，《文物》1998 年第 2 期。

宿白主编：《盛世重光——山东青州龙兴寺出土佛教石刻造像精品》，中国历史博物馆，1999 年。

王君卫：《山东昌邑保垓寺故址出土石造像》，《文物》1999 年第 6 期。

惠民县文物事业管理处：《山东惠民出土一批北朝佛造像》，《文物》1999 年第 6 期。

王华庆主编：《山东青州龙兴寺出土佛教造像展》，香港艺术馆，2001 年。

孙博、宫德杰：《山东临朐明道寺舍利塔地宫佛教造像清理简报》，《文物》2002 年第 9 期。

胡国强：《故宫博物院藏品大系：雕塑编 7（河北曲阳修德寺遗址出土佛教造像）》，紫禁城出版社，2005 年。

邯郸市文物研究所：《邯郸古代雕塑精粹》，文物出版社，2007 年。

中国文物交流中心、首都博物馆编：《古代印度瑰宝》，北京出版社，2007 年。

王瑞霞、刘华国：《山东青州广福寺遗物调查》，《敦煌研究》2009 年第 4 期。

中国社会科学院考古研究所：《古都遗珍：长安城出土的北周佛教造像》，文物出版社，

2010 年。

山东临朐山旺古生物化石博物馆编著：《临朐佛教造像艺术》，科学出版社，2010 年。

博兴县博物馆、山东博物馆编著：《山东白陶佛教造像》，文物出版社，2011 年。

河北省文物研究所等：《河北南宫后底阁遗址发掘简报》，《文物》2012 年第 1 期。

中国社会科学院考古研究所、河北省文物研究所邺城考古队：《河北邺城遗址赵彭城北朝佛寺与北吴庄佛教造像埋藏坑》，《考古》2013 年第 7 期。

张英军、王站芹、宫德杰等：《山东临朐白龙寺遗址发掘简报》，《文物》2014 年第 1 期。

青州博物馆编：《青州龙兴寺佛教造像艺术》，山东美术出版社，2014 年。

山东省文物考古研究所、苏黎世大学东亚美术史系、山东临朐山旺古生物化石博物馆编著：《临朐白龙寺遗址发掘报告》，文物出版社，2015 年。

宫德杰等：《山东临朐县古代佛教造像的调查》，《考古》2016 年第 10 期。

故宫博物院编：《梵天东土 并蒂莲华：公元 400 ～ 700 年印度与中国雕塑艺术》，故宫出版社，2016 年。

中国社会科学院考古研究所、河北省文物研究所编：《邺城北吴庄出土佛教造像》，科学出版社，2019 年。

青州博物馆编：《青州龙兴寺遗址窖藏佛教造像》，文物出版社，2021 年。

三、研究论著

谭其骧：《中国历史地图集》第四册《东晋十六国 · 南北朝时期》，中国地图出版社，1982 年。

汤用彤：《隋唐佛教史稿》，中华书局，1982 年。

汤用彤：《汉魏两晋南北朝佛教史》，中华书局，1983 年。

唐长孺：《魏晋南北朝史论拾遗》，中华书局，1983 年。

任继愈主编：《中国佛教史》，中国社会科学出版社，1985 年。

李玉珉：《半跏思惟像再探》，《故宫学术季刊》第 3 卷 3 号，1986 年。

宿白：《南朝龛像遗迹初探》，《考古学报》1989 年第 4 期。

李玉珉：《法界人中像》，《故宫文物月刊》1993 年第 121 期。

刘凤君：《山东地区北朝佛教造像艺术》，《考古学报》1993 年第 3 期。

安作璋主编：《山东通史（魏晋南北朝卷）》，山东人民出版社，1994 年。

张总：《北朝半跏思惟像的形式及题材演变》，《美术史论》1995 年 2 期。

宿白：《中国石窟寺研究》，文物出版社，1996 年

余太山：《西域通史》，中州古籍出版社，1996 年。

刘凤君:《青州地区北朝晚期石佛像被毁时间和原因》,《山东大学学报》(哲学社会科学版)1997 年第 2 期。

周一良:《魏晋南北朝史论集》,北京大学出版社,1997 年。

朱大渭等:《魏晋南北朝社会生活史》,中国社会科学出版社,1998 年。

杨泓:《关于南北朝时青州考古的思考》,《文物》1998 年第 2 期。

刘凤君:《论青州地区北朝晚期石佛像艺术风格》,《山东大学学报》(哲学社会科学版)1998 年第 3 期。

李裕群:《驼山石窟开凿年代与造像题材考》,《文物》1998 年第 6 期。

李静杰、田军:《定州系白石佛像研究》,《故宫博物院院刊》1999 年第 3 期。

孙新生:《山东青州北齐〈临淮王像碑〉》,《文物》1999 年第 9 期。

金维诺:《简论青州出土造像的艺术风范》,《盛世重光——山东青州龙兴寺出土佛教石刻造像精品》,中国历史博物馆,1999 年。

李静杰:《卢舍那法界图像研究简论》,《故宫博物院院刊》2000 年第 2 期。

李裕群:《试论成都地区出土的南朝佛教石造像》,《文物》2000 年第 2 期。

费泳:《"青州模式"造像的源流》,《东南文化》2000 年第 3 期。

金维诺《南梁与北齐造像的成就与影响》,《美术研究》2000 年第 3 期。

夏名采、王瑞霞:《青州龙兴寺出土背屏式佛教石造像分期初探》,《文物》2000 年第 5 期。

王华庆:《析龙兴寺造像中的"螭龙"》,《文物》2000 年第 5 期。

宿白:《青州城考略——青州城与龙兴寺之一》,《文物》2000 年第 8 期。

宿白:《龙兴寺沿革——青州城与龙兴寺之二》,《文物》2000 年第 9 期。

宿白:《青州龙兴寺窖藏所出佛像的几个问题》,《文物》2000 年第 10 期。

李玉珉:《中国观音的信仰与图像》,台北故宫博物院:《观音特展》,2000 年。

王瑞霞、周麟麟:《龙兴寺遗址出土北齐圆雕佛造像类型分析》,香港艺术博物馆:《山东青州龙兴寺出土佛教造像展》,2001 年。

孙新生:《试论青州龙兴寺窖藏佛像被毁的时间和原因》,香港艺术博物馆:《山东青州龙兴寺出土佛教造像展》,2001 年。

陈寅恪:《隋唐制度渊源略论稿》,《唐代政治史述论稿》,生活·读书·新知三联书店,2001 年。

刘凤君:《青州地区北朝晚期石佛像与"青州风格"》,《考古学报》2002 年第 1 期。

郑岩:《青州傅家北齐画像石与入华祆教美术》,《魏晋南北朝壁画墓研究》,文物出版社,2002 年。

夏名采:《青州龙兴寺佛教造像窖藏》,生活·读书·新知三联书店,2004 年。

林保尧：《弗利尔美术馆藏隋石佛立像衲衣线刻画略考——衲衣图像画面构成试析》，《艺术学》第22辑，2006年。

严耕望：《魏晋南北朝佛教地理稿》，上海古籍出版社，2007年。

赖非：《山东北朝佛教摩崖刻经调查与研究》，科学出版社，2007年。

万绳楠：《魏晋南北朝文化史》，东方出版社，2007年。

李静杰：《青州风格佛教造像的形成与发展》，《敦煌研究》2007年第2期。

唐仲明：《青州造像所见佛塔之样式、渊源与功能初探》，《中原文物》2007年第4期。

赖鹏举：《五世纪以来北传地区"法界人中像"与〈十住经〉"法云地"》，《敦煌研究》2007年第6期。

李利安：《观音信仰的渊源与传播》，宗教文化出版社，2008年。

李森：《试析青州龙兴寺造像贴金彩绘并非均系北朝装饰》，《世界宗教研究》2008年第2期。

李森：《青州龙兴寺造像中龙的名称、造型来源及流行原因》，《敦煌学辑刊》2008年第2期。

费泳：《汉唐佛教造像艺术史》，湖北美术出版社，2009年。

张琳：《北朝望族所捐建之贾智渊造像》，《中国博物馆》2010年第2期。

张荣国：《青州北朝佛教造像风格的"混流"》，《新疆艺术学院学报》2011年第9卷第2期。

宿白：《魏晋南北朝唐宋考古文稿辑丛》，文物出版社，2011年。

姚崇新：《中古艺术宗教与西域历史论稿》，商务印书馆，2011年。

赵玲：《印度秣菟罗早期佛教造像研究》，上海三联书店，2012年。

费泳：《中国佛教艺术中的佛衣样式研究》，中华书局，2012年。

李森：《青州龙兴寺历史与窖藏佛教造像研究》，山东大学出版社，2013年。

李森：《北朝崔氏家族青州龙兴寺造像活动发覆》，《敦煌研究》2013年第2期。

李森：《青州龙兴寺造像北齐大盛原因考》，《敦煌学辑刊》2013年第2期。

陈悦新：《青州地区北朝佛衣类型》，《敦煌学辑刊》2013年第4期。

唐仲明：《东魏北齐响堂与青州造像比较研究》，《华夏考古》2013年第4期。

倪克鲁、李振光：《山东临朐白龙寺遗址佛教造像探析》，《文物》2014年第1期。

赵玲：《论"青州模式"佛教造像的阿玛拉瓦蒂渊源》，《南京艺术学院学报(美术与设计版)》2014年第2期。

何利群：《从北吴庄佛像埋藏坑论邺城造像的发展阶段与"邺城模式"》，《考古》2014年第5期。

宫德杰：《明道寺造像佛传经变故事与双身像》，《敦煌研究》2014年第5期。

曹晓卿：《古青州北朝佛教造像中的飞天伎乐用乐研究》，《中国音乐》2015 年第 1 期。

赵玲：《印度阿玛拉瓦蒂佛像研究》，《南京艺术学院学报（美术与设计版）》2015 年第 3 期。

罗世平：《青州北齐造像及其样式由来》，《紫禁城》2016 年第 10 期。

王仲荦：《魏晋南北朝史》，上海人民出版社，2016 年。

郑岩主编：《破碎与聚合：青州龙兴寺佛教造像》，河北美术出版社，2016 年。

侯旭东：《佛陀相佑：造像记所见北朝民众信仰》，社会科学文献出版社，2018 年。

孙英刚、何平：《犍陀罗文明史》，生活 · 读书 · 新知三联书店，2018 年。

付卫杰：《对青州七级寺出土一件背屏式造像时代的考证——兼谈青州北朝晚期背屏式造像的发展演变规律》，《敦煌研究》2019 年第 1 期。

李崇峰：《佛教考古：从印度到中国（修订本）》，上海古籍出版社，2020 年。

张理婧：《青州北齐佛造像域外源流新探》，《中国美术》2021 年第 6 期。

罗世平：《图像与样式：汉唐佛教美术研究》，文物出版社，2021 年。

费泳：《六朝佛教造像对朝鲜半岛及日本的影响》，中华书局，2021 年。

赵玲：《北齐“曹衣出水”式佛像考辨》，《南京艺术学院学报（美术与设计版）》，2021 年第 6 期。

梁广明：《青州北齐佛造像的风格突变和胡化三法》，《美术大观》2021 年第 9 期。

费泳：《印度佛像服饰史》，湖北美术出版社，2022 年。

王瑞霞：《古青州地区佛教造像》，上海交通大学出版社，2023 年。

四、海外相关研究

[日] 常盘大定、关野贞、佛教史迹研究会：《支那佛教史迹》，佛教史迹研究会，1929 年。

[日] 水野清一：《中国の佛教美术 · 半跏思惟についこ》，日本平凡社，1966 年。

[日] 松原三郎：《中国佛教雕刻史论》，东京吉川弘文馆，1995 年。

王卫明：《青州龙兴寺出土窖蔵佛教造像初论——魏晋南北朝時期における山东佛教美术史的成立背景を中心に》，《京都橘女子大学研究纪要》1999 年 (总第 25 期)。

[日] 大西修也：《山东省青州出土石造半跏像の意味するもの》，《佛教艺术》248 号，2000 年。

[日] 吉村怜著，卞立强、赵琼译：《天人诞生图研究——东亚佛教美术史论文集》，中国文联出版社，2002 年。

[日] 宫治昭撰，贺小萍译：《宇宙主释迦佛——从印度到中亚、中国》，《敦煌研究》2003 年第 1 期（日文版《宇宙主としての釋迦佛——インドから中央アジア中國へ》，《曼荼羅と輪回——その思想と美術》，佼成出版社，1993 年）。

[日]八木春生:《中国仏教美術と漢民族化: 北魏時代後期を中心として》，京都法藏館，2004年。

美秀博物馆编:《中国 · 山东省の仏像: 飞鸟仏の面影》，美秀博物馆，2007年。

[日]小泽正人:《山東青州龍興寺窖蔵出土北斉如来立像考》，《成城文藝》2007年第198号。

[日]仓本尚德:《北朝造像铭にみる禅师と阿弥陀信仰——「无量寿」から「阿弥陀」への尊名の变化に关连して》，《印度学佛教学研究》57(1)(通号116)，2008年。

[美]于君方著，陈怀宇、姚崇新、林佩莹译:《观音: 菩萨中国化的演变》，商务印书馆，2008年。

[日]小泽正人:《青州出土一光三尊像菩薩像の変遷とその背景——龍興寺窖蔵出土像を中心に》，《成城大学社会イノベーション研究》Vol.4 (2)，2009年。

[日]宫治昭著，李萍、张清涛译:《涅槃和弥勒的图像学》，文物出版社，2009年。

[日]石松日奈子著，筱原典生译:《北魏佛教造像史研究》，文物出版社，2012年。

[日]八木春生《中国仏教造像の変容: 南北朝後期および隋時代》，京都法藏馆，2013年。

[日]肥田路美著，颜娟英译:《云翔瑞像: 初唐佛教美术研究》，台湾大学出版中心，2018年。

Behl, Benoy K.. *The Ajanta Caves*. London: Thames and Hudson, 1998.

Tsiang, Katherine R.. “Miraculous Flying Stupas in Qingzhou Sculpture”, *Orientations*, Dec. 2000: 45-53.

Barrett, T. H. “Religious Meaning of Buddhist Sculpture in its Cultural Setting: The Buddha Images of Qingzhou in the Light of Recent Scholarship”, *Buddhist Studies Review*, 2005-05, Vol.22 (1), p.45-69.

Maria Angelillo, *India: History and treasures of an ancient civilization*. Carlsbad, CA: Brécourt Academic, 2007.

Tsiang, Katherine R.. *Echoes of the Past: The Buddhist Cave Temples of Xiangtangshan*. Chicago: The David and Alfred Smart Museum of Art, University of Chicago, 2010.

图版索引

〇一
贴金彩绘佛菩萨三尊像
北魏晚期
残高 27.5 厘米

〇二
比丘尼惠照造弥勒三尊像
北魏 太昌元年（532 年）
残高 50 厘米

〇三
贴金彩绘菩萨立像
北魏晚期至东魏早期
通高 110 厘米

〇四
贴金彩绘佛菩萨三尊像
北魏晚期至东魏早期
残高 125 厘米

〇五
贴金彩绘佛菩萨三尊像
东魏
通高 45 厘米

〇六
贴金彩绘佛菩萨三尊像
东魏
通高 76 厘米

〇七
贴金彩绘佛菩萨三尊像
东魏
通高 135 厘米

〇八
贴金彩绘飞天托塔造像
北魏晚期至东魏
残高 74 厘米

〇九
贴金彩绘石雕佛头像
北魏晚期至东魏早期
高 23 厘米

一〇
贴金彩绘菩萨立像
东魏
残高 110 厘米

一一
贴金彩绘右胁侍菩萨像
东魏
残高 110 厘米

一二
贴金彩绘左胁侍菩萨像
东魏
残高 36 厘米

一三
贴金彩绘菩萨头像
东魏
残高 17 厘米

一四
贴金彩绘背屏式右胁侍菩萨像
东魏　残高 49 厘米

一五
飞天像
东魏
残高 16 厘米

一六
彩绘左胁侍菩萨像
东魏
残高 75 厘米

一七
贴金彩绘半跏思惟菩萨像
东魏至北齐
残高 68 厘米

一八
贴金彩绘菩萨像
东魏至北齐
残高 60 厘米

一九
贴金彩绘菩萨像
北朝
残高 16 厘米

二〇
彩绘踏鬼佛足
东魏至北齐
残高 60 厘米

二一
贴金彩绘石雕佛菩萨三尊像
北齐
残高 86 厘米

二二
贴金彩绘佛立像
东魏晚期至北齐
通高 125 厘米

二三
彩绘佛立像
北齐
通高 116 厘米

二四
彩绘佛立像
北齐
残高 120 厘米

二五
贴金彩绘石雕佛立像
北齐
通高 150 厘米

二六
贴金彩绘雕佛立像
北齐
残高 151 厘米

二七
彩绘佛立像
北齐
高 142 厘米

二八
彩绘佛立像
北齐
残高 128 厘米

二九
贴金彩绘佛立像
北齐
高 171 厘米

三〇
贴金彩绘佛立像
北齐
残高 190 厘米

三一
贴金彩绘佛立像
北齐
残高 114 厘米

三二
贴金彩绘佛立像
北齐
残高 63 厘米

三三
贴金彩绘佛立像
北齐
高 150 厘米

三四
彩绘浅刻法界人中像
北齐
残高 115 厘米

三五
彩绘佛立像
北齐
残高 81 厘米

三六
贴金彩绘佛立像
北齐
通高 138 厘米

三七
贴金彩绘佛头像
北齐
残高 22 厘米

三八
贴金彩绘佛头像
北齐
残高 23.5 厘米

三九
贴金彩绘佛头像
北齐
残高 28 厘米

四〇
贴金彩绘佛头像
北齐
残高 30 厘米

四一

贴金彩绘佛头像

北齐

残高 27.5 厘米

四二

贴金彩绘佛头像

北齐

残高 27.5 厘米

四三

贴金彩绘菩萨立像

北齐

通高 110 厘米

四四

彩绘菩萨像

北齐

残高 36 厘米

四五

贴金彩绘菩萨立像

北齐

残高 57 厘米

四六

贴金彩绘佛坐像

北齐至隋

高 64 厘米

四七

贴金彩绘佛坐像

隋

高 73 厘米

四八

贴金彩绘佛头像

北齐至隋

残高 27.2 厘米

四九

贴金彩绘观音菩萨立像

北齐至隋

通高 115 厘米

五〇

贴金彩绘左胁侍菩萨像

隋

残高 43.5 厘米

后记

中古时期，中西文明交流最重要的媒介即佛教，包括僧人的求法与传教、佛经的翻译与传播、石窟的开凿与各类造像的大量兴起、寺院佛塔的兴建与壁画的流行，诸如这些都对中国传统文化、思想乃至政治等产生了全面而深刻的影响，留存至今的石窟寺、寺院遗址以及造像等都是中华文明融合外来文化并创新发展的重要文化遗产，也是中华文明多元一体、开放包容精神的核心体现。陈寅恪先生曾在《陈垣〈敦煌劫余录〉序》文中指出：“一时代之学术，必有其新材料与新问题，取用此材料，则为此时代学术之潮流。”诚哉斯言！新时代背景下，全新的考古成果使得博物馆也有利用全新考古材料研究和展示中华文明的新任务。

2011年，深圳博物馆与山西博物院联合举办“法相庄严：山西博物院藏佛教造像珍品展”，由此开启了我馆系列中国佛教造像艺术展览的规划，旨在以此观照中西文明交流互鉴的历史和艺术，从而为促进中华文明与全球化发展提供更多有益的思考。2012年，我馆获悉“千年重光——山东青州龙兴寺佛教造像展”将在台湾佛光山佛陀纪念馆展出，该展览由中华文物交流协会与财团法人佛光山文教基金会联合主办、中国文物交流中心与佛光山佛陀纪念馆承办、山东省文物局协办。鉴于青州造像如此高质量的大规模展出具有重要意义，为促进深圳特区与山东的文化交流，弘扬优秀传统文化，为深圳市民提供高质量公共文化产品，我馆积极联络并促成了此批青州造像自台湾佛光山撤展后来深展出。本次展览要特别感谢青州博物馆刘允泉、王瑞霞、杨华胜等领导与专家、博物馆同仁的大力支持。本次展览宣教活动还获得了中国移动“全球通艺术季”的鼎力资助，大幅提升了展览的社会影响力。

青州属中华古九州之一，自古便是山东的重要文化中心。东晋南北朝时期更是南北政权争夺的重要战略要地，同时也是山东地区佛教艺术发展的中心。据初步统计，新中国成立以来，古青州地区陆续整理存世及考古出土近千件北朝至唐宋时期石刻造像、百余件金铜佛造像及部分白陶造像，地域风格鲜明，“青州风格”造像也成为学界公认的最具特色的造像艺术流派之一。尤其是自1997年青州龙兴寺窖藏发现后，青州造像更受到海内外文博界的高度关注，屡次赴欧美、日本等国展出，形成了广泛的国际影响。西方学者誉之为“改写东方艺术史及世界美术史的、中国20世纪最重要的佛教考古发现”。深圳博物馆青州造像展览名称借用了杜甫的著名诗句。据唐杜甫《春日忆李白》诗云："白也诗无敌，飘然思不群。清新庾开府，俊逸鲍参军。渭北春天树，江东日暮云。何时一樽酒，重与细论文。"其中"清新庾开府，俊逸鲍参军"句旨在称赞李白对南北朝诗文风格的传承与发扬，鲍照诗歌俊逸豪放，庾信诗文清新绮丽，代表了南北朝的审美融合。展览以"清新俊逸"为名，寓意了青州造像吸收外来文化、融合南北艺术的审美风格，代表了北朝造像艺术的集大成者。

展览由深圳博物馆时任副馆长郭学雷研究馆员担任项目总策划，原展览部李维学主任统筹展务工作，原古代艺术研究部黄阳兴博士担任主策划，王晓春、黄诗金、蔡明、乔文杰等承担助理策划任务。全馆部门如行财部、宣推部、社教部、保卫部等相关部门全力配合，共同完成了展览的开幕及展期开放和维护。为进一步阐释展品的内在文化价值和审美特点，黄阳兴博士重新撰写了文物说明，梳理了青州造像与南亚、东南亚佛教文明及造像艺术的关系；刘绎一博士承担了后期编校任务。此外，为更好地满足高质量出版需求，青州博物馆积极提供高清文物图像，我馆黄诗金利用现场展示条件补拍了部分文物的高清图像。

图书出版，诚非易事。求索真知，尽力而为。鉴于编者学识有限，图录内容难免疏漏和谬误，敬请方家不吝赐教。